O CAIBALION

TRÊS INICIADOS

O CAIBALION

estudo da filosofia hermética
do antigo Egito e da Grécia

Tradução de
Rosabis Camaysar

Editora
Pensamento
SÃO PAULO

Copyright da edição brasileira © 1978 Editora Pensamento-Cultrix Ltda.

1ª edição 1978.

32ª reimpressão 2020.

Todos os direitos reservados. Nenhuma parte deste livro pode ser reproduzida ou usada de qualquer forma ou por qualquer meio, eletrônico ou mecânico, inclusive fotocópias, gravações ou sistema de armazenamento em banco de dados, sem permissão por escrito, exceto nos casos de trechos curtos citados em resenhas críticas ou artigos de revistas.

Direitos reservados
EDITORA PENSAMENTO-CULTRIX LTDA.
Rua Dr. Mário Vicente, 368 – 04270-000 – São Paulo, SP
Fone: (11) 2066-9000
E-mail: atendimento@editorapensamento.com.br
http://www.editorapensamento.com.br
Foi feito o depósito legal.

SUMÁRIO

Introdução		7
Capítulo I	— A Filosofia Hermética	13
Capítulo II	— Os Sete Princípios Herméticos	19
Capítulo III	— A Transmutação Mental	30
Capítulo IV	— O Todo	35
Capítulo V	— O Universo Mental	41
Capítulo VI	— O Paradoxo Divino	48
Capítulo VII	— O Todo em Tudo	58
Capítulo VIII	— Os Planos de Correspondência	67
Capítulo IX	— A Vibração	79
Capítulo X	— A Polaridade	85
Capítulo XI	— O Ritmo	91
Capítulo XII	— A Causalidade	98
Capítulo XIII	— O Gênero	105
Capítulo XIV	— O Gênero Mental	111
Capítulo XV	— Axiomas Herméticos	121

"Os lábios da sabedoria estão fechados, exceto aos ouvidos do Entendimento."

A Hermes Trismegisto, conhecido pelos antigos egípcios como "O Três Vezes Grande" e "O Mestre dos Mestres", dedicamos reverentemente este livro de ensinamentos.

INTRODUÇÃO

Temos grande prazer em apresentar aos estudantes e investigadores da Doutrina Secreta esta pequena obra baseada nos Preceitos herméticos do mundo antigo. Existem poucos escritos sobre este assunto apesar das inúmeras referências feitas pelos ocultistas aos Preceitos que expomos, de modo que por isso esperamos que os investigadores dos Arcanos da Verdade saberão dar bom acolhimento ao livro que agora aparece.

O fim desta obra não é a enunciação duma filosofia ou doutrina especial, mas sim fornecer aos estudantes uma exposição da Verdade que servirá para reconciliar os fragmentos do conhecimento oculto que adquiriram, mas que são aparentemente opostos uns aos outros e que só servem para desanimar e desgostar o principiante neste estudo. O nosso intento não é construir um novo Templo de Conhecimento [1], mas sim colocar nas mãos do estudante uma Chave-Mestra com que possa abrir todas as portas internas que conduzem ao Templo do Mistério cujos portais já entrou.

Nenhum fragmento dos conhecimentos ocultos possuídos pelo mundo foi tão zelosamente guardado como os fragmentos

---

(1) A palavra *Conhecimento* corresponde exatamente à palavra grega *Gnosis,* que os iniciados criaram para não atribuir a si o maior atributo da Divindade que é a *ciência.*

"O homem nada *sabe,* mas é chamado a tudo conhecer", diz E. Levi. — (N. do T.)

dos Preceitos herméticos que chegaram até nós através dos séculos passados desde o tempo do seu grande estabelecedor, Hermes Trismegisto, o mensageiro dos deuses, *que viveu no antigo Egito quando a atual raça humana estava em sua infância. Contemporâneo de Abraão, e se for verdadeira a lenda, instrutor deste venerável sábio, Hermes foi e é o Grande Sol Central do Ocultismo, cujos raios têm iluminado todos os ensinamentos que foram publicados desde o seu tempo. Todos os preceitos fundamentais e básicos introduzidos nos ensinos esotéricos de cada raça foram formulados por Hermes. Mesmo os mais antigos preceitos da Índia tiveram indubitavelmente a sua fonte nos Preceitos herméticos originais.*

Da terra do Ganges muitos mestres avançados se dirigiram para o país do Egito para se prostrarem aos pés do Mestre. Dele obtiveram a Chave-Mestra que explicava e reconciliava os seus diferentes pontos de vista, e assim a Doutrina Secreta ficou firmemente estabelecida. De outros países também vieram muitos sábios, que consideravam Hermes como o Mestre dos Mestres; e a sua influência foi tão grande que, apesar dos numerosos desvios de caminho de centenares de instrutores desses diferentes países, ainda se pode facilmente encontrar uma certa semelhança e correspondência nas muitas e divergentes teorias admitidas e combatidas pelos ocultistas de diferentes países atuais. Os estudantes de Religiões comparadas compreenderão facilmente a influência dos Preceitos herméticos em qualquer religião merecedora deste nome, quer seja uma religião apenas conhecida atualmente, quer seja uma religião morta, ou uma religião cheia de vida no nosso próprio tempo. Existe sempre uma correspondência entre elas, apesar das aparências contraditórias, e os Preceitos herméticos são como que o seu grande Conciliador.

A obra de Hermes parece ter sido feita com o fim de plantar a grande Verdade-Semente que se desenvolveu e germinou em tantas formas estranhas, mais depressa do que se teria estabelecido uma escola de filosofia que dominasse o pensamento do mundo. Todavia as verdades originais ensinadas por ele foram conservadas intatas na sua pureza original, por um pequeno número de homens, que, recusando grande parte de estudantes e discípulos pouco desenvolvidos, seguiram o costume hermético e reservaram as suas verdades para os poucos que estavam preparados para compreendê-las e dirigi-las. Dos lábios aos ouvidos a verdade tem sido transmitida entre esses poucos. Sempre existiram, em cada geração e em vários países da terra, alguns Iniciados que conservaram viva a sagrada chama dos Preceitos herméticos, e sempre empregaram as suas lâmpadas para reacender as lâmpadas menores do mundo profano, quando a luz da verdade começava a escurecer e a apagar-se por causa da sua negligência, e os seus pavios ficavam embaraçados com substâncias estranhas. Existiu sempre um punhado de homens para cuidar do altar da Verdade, em que mantiveram sempre acesa a Lâmpada Perpétua da Sabedoria. Estes homens dedicaram a sua vida a esse trabalho de amor que o poeta muito bem descreveu nestas linhas:

> *"Oh! não deixeis apagar a chama! Mantida*
> *De século em século*
> *Nesta escura caverna,*
> *Neste templo sagrado!*
> *Sustentada por puros ministros do amor!*
> *Não deixeis apagar esta divina chama!"*

Estes homens nunca procuraram a aprovação popular, nem grande número de prosélitos. São indiferentes a estas coisas, porque sabem quão poucos de cada geração estão preparados para a verdade, ou podem reconhecê-la se ela lhes for apresentada. Reservam a carne para os homens feitos, *enquanto outros* dão o leite às crianças. *Reservam suas pérolas de sabedoria para os poucos que conhecem o seu valor e sabem trazê-las nas suas coroas, em vez de as lançar ao porco vulgar, que enterrá-las-ia na lama e as misturaria com o seu desagradável alimento mental. Mas esses poucos não esqueceram nem desprezaram os preceitos*

9

originais de Hermes, que tratam da transmissão das palavras da verdade aos que estão preparados para recebê-la, a respeito dos quais diz o Caibalion: "Em qualquer lugar que se achem os vestígios do Mestre, os ouvidos daqueles que estiverem preparados para receber o seu Ensinamento se abrirão completamente." *E ainda:* "Quando os ouvidos do discípulo estão preparados para ouvir, então vêm os lábios para enchê-los com sabedoria." *Mas a sua atitude habitual sempre esteve estritamente de acordo com outro aforismo hermético também do Caibalion:* "Os lábios da Sabedoria estão fechados, exceto aos ouvidos do Entendimento." [2]

Os que não podem compreender são os que criticaram esta atitude dos Hermetistas e clamaram que eles não manifestavam o verdadeiro espírito dos seus ensinamentos nas astuciosas reservas e reticências que faziam. Porém um rápido olhar retrospectivo nas páginas da história mostrará a sabedoria dos Mestres, que conheciam que era uma loucura pretender ensinar ao mundo o que ele não desejava saber, nem estava preparado para isso. Os Hermetistas nunca quiseram ser mártires; antes pelo contrário, ficaram silenciosamente retirados com um sorriso de piedade nos seus fechados lábios, enquanto os bárbaros se enfureciam contra eles *nos seus costumeiros divertimentos de levar à morte e à tortura os honestos mas desencaminhados entusiastas, que julgavam ser possível obrigar uma raça de bárbaros a admitir a verdade, que só pode ser compreendida pelo eleito já bastante avançado no Caminho.*

E o espírito de perseguição ainda não desapareceu da terra. Há certos preceitos herméticos que, se fossem divulgados, atrai-

---

(2) Existe no homem um ouvido mental e um ouvido astral, assim como ele tem um ouvido físico, porque *o que está em baixo é análogo ou correspondente ao que está em cima;* não é igual. No estado de êxtase o ouvido mental ou do Entendimento se abre e ouve uma voz (a voz da Harmonia infinita) que lhe revela por meio de uma música celeste os mistérios que ele deseja saber. Os ouvidos do Entendimento são *ouvidos que ouvem e entendem,* isto é, ouvidos conscientes da voz que ouvem em estado de abstração espiritual. — (N. do T.)

riam contra os divulgadores uma gritaria de desprezo e de ódio por parte da multidão, que tornaria a gritar: "Crucificai-os! Crucificai-os!"

Nesta obra nós nos esforçamos por vos oferecer uma idéia dos preceitos fundamentais do Caibalion, procurando dar os Princípios acionantes e vos deixando o trabalho de os estudar, em vez de tratarmos detalhadamente dos seus ensinamentos. Se fordes verdadeiros estudantes podereis compreender e aplicar estes Princípios; se o não fordes deveis vos desenvolver, porque de outra maneira os Preceitos herméticos serão para vós somente palavras, palavras, palavras!!!...

Os Três Iniciados

Capítulo I

A FILOSOFIA HERMÉTICA

> *"Os lábios da sabedoria estão fecha-*
> *dos, exceto aos ouvidos do Entendi-*
> *mento."* [1] — O Caibalion [2]

Do velho Egito saíram os preceitos fundamentais esotéricos e ocultos que tão fortemente têm influenciado as filosofias de todas as raças, nações e povos, por vários milhares de anos. O Egito, a terra das Pirâmides e da Esfinge, foi a pátria da Sabedoria secreta e dos Ensinamentos místicos. Todas as nações receberam dele a Doutrina secreta. A Índia, a Pérsia, a Caldéia, a Média, a China, o Japão, a Assíria, a antiga Grécia e Roma e outros países antigos aproveitaram lautamente dos fastos do conhecimento, que os hierofantes e Mestres da Terra de Ísis tão francamente ministravam aos que estavam preparados para participar da grande abundância de preceitos místicos e ocultos, que

---

(1) Vide a nota precedente.

(2) A palavra *Caibalion* (קובליון) na linguagem secreta significa *tradição ou preceito manifestado por um ente de cima.*

Esta palavra tem a mesma raiz que a palavra *Qabala, Qibul, Qibal* (קבל), com o acréscimo do *ion* (יון), vida ou ente manifestado, ou *eon* (αἰών) dos gnósticos. — (N. do T.)

13

as mentes superiores deste antigo país tinham continuamente condensado.

No antigo Egito viveram os grandes Adeptos e Mestres que nunca mais foram superados, e raras vezes foram igualados, nos séculos que se passaram desde o tempo do grande Hermes. No Egito estava estabelecida a maior das Lojas dos Místicos. Pelas portas dos seus Templos entraram os Neófitos que mais tarde, como Hierofantes, Adeptos e Mestres, se espalharam por todas as partes da terra, levando consigo o precioso conhecimento que possuíam, ansiosos e desejosos de ensiná-lo àqueles que estivessem preparados para recebê-lo. Todos os estudantes do Oculto conhecem a dívida que têm para com os veneráveis Mestres deste antigo país.

Mas entre estes Grandes Mestres do antigo Egito, existiu um que eles proclamavam como o *Mestre dos Mestres*. Este homem, se é que foi verdadeiramente um *homem,* viveu no Egito na mais remota antiguidade. Ele foi conhecido sob o nome de Hermes [3] Trismegisto. Foi o pai da Ciência Oculta, o fundador da Astrologia, o descobridor da Alquimia. Os detalhes da sua vida se perderam devido ao imenso espaço de tempo, que é de milhares de anos, e apesar de muitos países antigos disputarem entre si a honra de ter sido a sua pátria. A data da sua existência no Egito, na sua última encarnação neste planeta, não é conhecida agora [4], mas foi fixada nos primeiros tempos das mais remotas

---

(3) Entre as obras atribuídas a Hermes podemos citar as seguintes: *A Tábua de Esmeralda, O Poimandres, O Asclépios,* e a *Minerva Mundi* ou *Corê Cosmou,* todas conhecidas pelos profanos. Destas obras temos a elegante tradução francesa de Louis Ménard.

Além destas existem outras obras que são do uso exclusivo dos iniciados.

O nome de Hermes foi dado também à universidade do Egito, e é por isso que são atribuídas a Hermes mais de 2.000 obras.

Não trataremos aqui da significação hieroglífica da palavra Hermes, porque para isso seria necessário tornar muito extensa esta nota. — (N. do T.)

(4) Supõe-se que Hermes viveu pelo ano 2700 antes de Cristo, isto é, quando o Egito já estava sob o domínio dos Reis Pastores, Iksos, ou Irschu. — (N. do T.)

14

dinastias do Egito, muito antes do tempo de Moisés. As melhores autoridades consideram-no como contemporâneo de Abraão, e algumas tradições judaicas dizem claramente que Abraão adquiriu uma parte do seu conhecimento místico do próprio Hermes. Depois de ter passado muitos anos da sua partida deste plano de existência (a tradição afirma que viveu trezentos anos) os egípcios deificaram Hermes e fizeram dele um dos seus deuses sob o nome de Thoth. Anos depois os povos da Antiga Grécia também o deificaram com o nome de *"Hermes, o Deus da Sabedoria"*. Os egípcios reverenciaram por muitos séculos a sua memória, denominando-o *o mensageiro dos Deuses,* e ajuntando-lhe como distintivo o seu antigo título *"Trismegisto"*, que significa o *três vezes grande, o grande entre os grandes.* Em todos os países antigos, o nome de Hermes Trismegisto foi reverenciado, sendo esse nome considerado como sinônimo de *"Fonte de Sabedoria"*.

Ainda em nossos dias empregamos o termo *hermético* no sentido de *secreto, fechado de tal maneira que nada escapa,* etc., pela razão que os discípulos de Hermes sempre observaram o princípio do segredo nos seus preceitos. Eles ignoravam aquele *não lançar as pérolas aos porcos,* mas conservavam o preceito de *dar leite às crianças, e carne aos homens feitos,* máximas que são familiares a todos os leitores das Escrituras Cristãs, mas que já eram usadas pelos egípcios, muitos séculos antes da era cristã. Os Preceitos herméticos estão espalhados em todos os países e em todas as religiões, mas não pertencem a nenhuma seita religiosa particular. Isto acontece por causa das advertências feitas pelos antigos instrutores com o fim de evitar que a Doutrina Secreta fosse cristalizada em um credo. A sabedoria desta precaução é clara para todos os estudantes de história. O antigo ocultismo da Índia e da Pérsia degenerou-se e perdeu-se completamente, porque os seus instrutores tornaram-se padres, e misturaram a teologia com a filosofia, vindo a ser, por conseqüência, o ocultismo da Índia e da Pérsia, gradualmente perdido no meio

15

das massas de religiões, superstições, cultos, credos e *deuses*. O mesmo aconteceu com a antiga Grécia e Roma e também com os Preceitos herméticos dos Gnósticos e Cristãos primitivos, que se perderam no tempo de Constantino, e que sufocaram a filosofia com o manto da teologia, fazendo assim a Igreja perder aquilo que era a sua verdadeira essência e espírito, e andar às cegas durante vários séculos, antes de tomar o seu verdadeiro caminho; porque todos os bons observadores deste vigésimo século dizem que a Igreja está lutando para voltar aos seus antigos ensinamentos místicos.

Apesar de tudo isso sempre existiram algumas almas fiéis que mantiveram viva a Chama, alimentando-a cuidadosamente e não deixando a sua luz se extinguir. E graças a estes firmes corações e intrépidas mentes, temos ainda conosco a verdade. Mas a maior parte desta não se acha nos livros. Tem sido transmitida de Mestre a Discípulo, de Iniciado a Hierofante, dos lábios aos ouvidos. Ainda que esteja escrita em toda parte, foi propositalmente velada com termos de alquimia e astrologia, de modo que só os que possuem a chave podem-na ler bem. Isto era necessário para evitar as perseguições dos teólogos da Idade Média que combatiam a Doutrina Secreta a ferro, fogo, pelourinho, forca e cruz. Ainda atualmente só encontramos alguns valiosos livros de Filosofia hermética, apesar das numerosas referências feitas a ela nos vários livros escritos sobre diversas fases do Ocultismo. Contudo, a Filosofia hermética é a única Chave-Mestra que pode abrir todas as portas dos Ensinamentos Ocultos!

Nos primeiros tempos existiu uma compilação de certas Doutrinas básicas do Hermetismo, transmitida de mestre a discípulo, a qual era conhecida sob o nome de *"Caibalion"*, cuja significação exata se perdeu durante vários séculos. Este ensinamento é, contudo, conhecido por vários homens a quem foi transmitido dos lábios aos ouvidos, desde muitos séculos. Estes preceitos nunca foram escritos ou impressos até chegarem ao nosso conhecimento. Eram simplesmente uma coleção de máximas, preceitos e axiomas, não inteligíveis aos profanos, mas que eram prontamente entendidos pelos estudantes; e além disso, eram depois explicados e ampliados pelos Iniciados hermetistas aos seus Neófitos. Estes preceitos constituíam realmente os princípios básicos da *Arte da Alquimia Hermética* que, contrariamente ao que geralmente se crê, baseia-se no domínio das Forças Mentais, em vez de no domínio dos Elementos materiais; na Transmutação das Vibrações mentais em outras, em vez de na mudança de uma espécie de metal em outra. As lendas da *Pedra Filosofal,* que transformava qualquer metal em ouro, eram alegorias da Filosofia hermética perfeitamente entendidas por todos os estudantes do verdadeiro Hermetismo.

Neste livro, cuja primeira lição é esta, convidamos os estudantes a examinar os Preceitos herméticos tal como são expostos no *Caibalion* e explicados por nós, humildes estudantes desses Preceitos, que, apesar de termos o título de Iniciados, somos simples estudantes aos pés de Hermes, o Mestre. Nós lhes oferecemos muitos axiomas, máximas e preceitos do *Caibalion,* acompanhados de explicações e comentários, que cremos servir para tornar os seus preceitos mais compreensíveis ao estudante moderno, principalmente porque o texto original é velado de propósito com termos obscuros.

As máximas, os axiomas e preceitos originais do *Caibalion* são impressos em tipo diferente do tipo geral da nossa obra. Esperamos que os estudantes a quem oferecemos esta obra possam tirar muito proveito do estudo das suas páginas, como o tiraram outros que passaram antes pelo Caminho do Adeptado, nos séculos decorridos desde o tempo de Hermes Trismegisto, o Mestre dos Mestres, o Três Vezes Grande.

Diz o *Caibalion:*

"Em qualquer lugar que estejam os vestígios do Mestre, os ouvidos daquele que estiver preparado para receber o seu Ensinamento se abrirão completamente".

"Quando os ouvidos do discípulo estão preparados para ouvir, então vêm os lábios para os encher com Sabedoria."

De modo que, de acordo com o indicado, só dará atenção a este livro aquele que tiver uma preparação especial para receber os Preceitos que ele transmite. E, reciprocamente, quando o estudante estiver preparado para receber a verdade, também este livro lhe aparecerá. Esta é a Lei. O Princípio hermético de Causa e Efeito, no seu aspecto de Lei de Atração, levará os ouvidos para junto dos lábios e o livro para junto do discípulo. Assim são os átomos!

CAPÍTULO II

OS SETE PRINCÍPIOS HERMÉTICOS

*"Os Princípios da Verdade são Sete;
aquele que os conhece perfeitamente,
possui a Chave Mágica com a qual
todas as Portas do Templo podem ser
abertas completamente."* — O CAIBA-
LION

Os Sete Princípios em que se baseia toda a Filosofia hermética são os seguintes:

I. *O Princípio de Mentalismo.*

II. *O Princípio de Correspondência.*

III. *O Princípio de Vibração.*

IV. *O Princípio de Polaridade.*

V. *O Princípio de Ritmo.*

VI. *O Princípio de Causa e Efeito.*

VII. *O Princípio de Gênero.*

Estes Sete Princípios podem ser explicados e explanados, como vamos fazer nesta lição. Uma pequena explanação de cada um deles pode ser feita agora, e é o que vamos fazer.

I. O Princípio de Mentalismo

"O TODO é MENTE; o Universo é Mental." [5] — O CAIBALION

Este Princípio contém a verdade que *Tudo é Mente.* Explica que O TODO (que é a Realidade substancial que se oculta em todas as manifestações e aparências que conhecemos sob o nome de *Universo Material, Fenômenos da Vida, Matéria, Energia,* numa palavra, sob tudo o que tem aparência aos nossos sentidos materiais) é ESPÍRITO, é INCOGNOSCÍVEL e INDEFINÍVEL em si mesmo, mas pode ser considerado como uma MENTE VIVENTE INFINITA e UNIVERSAL. Ensina também que todo o mundo fenomenal ou universo é simplesmente uma Criação Mental do TODO, sujeita às Leis das Coisas criadas, e que o universo, como um todo, em suas partes ou unidades, tem sua existência na mente do TODO, em cuja Mente *vivemos, movemos e temos a nossa existência.* Este Princípio, estabelecendo a Natureza Mental do Universo, explica todos os fenômenos mentais e psíquicos que ocupam grande parte da atenção pública, e que, sem tal explicação, seriam ininteligíveis e desafiariam o exame

---

(5) Este Princípio é muito importante a conhecer. Os cabalistas comparam o Espírito ao éter que se acha dentro de um vidro. Enquanto o vidro estiver tapado, estará cheio de éter, mas desde que a *rolha* saia, o éter começará a sair também. O vidro sendo comparado ao corpo físico, a *rolha* ao astral e o éter ao Espírito: o astral é que prende o espírito ao físico e assim como todo o éter não sai repentinamente do vidro, assim também a morte não se produz repentinamente, salvo em *raríssimos* casos anormais.

A matéria não é mais que a força mental coagulada. Para exprimir isto os cabalistas comparam o Espírito a um pedaço de estanho, que em contato com o calor (Amor divino, Luz divina, Æsch **ש'א**) se derrete, se sutiliza e purifica; porém, estando afastado desse calor, endurece, condensa-se e cai na matéria (mentira da sensibilidade reflexa).

Deixamos aos cuidados dos discípulos o tirar todas as conseqüências deste Princípio de Mentalismo.

Não podemos deixar de assinalar que ao Círculo Esotérico cabe a glória de ser o primeiro a propagar estas idéias na América do Sul. — (N. do T.)

científico. A compreensão deste Princípio hermético do Mentalismo habilita o indivíduo a abarcar prontamente as leis do Universo Mental e a aplicar o mesmo Princípio para a sua felicidade e adiantamento. O estudante hermetista ainda não sabe aplicar inteligentemente a grande Lei Mental, apesar de empregá-la de maneira casual.

Com a Chave-Mestra em seu poder, o estudante poderá abrir as diversas portas do templo psíquico e mental do conhecimento e entrar por elas livre e inteligentemente. Este Princípio explica a verdadeira natureza da *Força*, da *Energia* e da *Matéria*, como e por que todas elas são subordinadas ao Domínio da Mente. Um velho Mestre hermético escreveu, há muito tempo: *"Aquele que compreende a verdade da Natureza Mental do Universo está bem avançado no Caminho do Domínio."* E estas palavras são tão verdadeiras hoje, como no tempo em que foram escritas. Sem esta Chave-Mestra, o Domínio é impossível, e o estudante baterá em vão nas diversas portas do Templo.

II. O Princípio de Correspondência

> *"O que está em cima é como o que está embaixo, e o que está embaixo é como o que está em cima."* [6] — O
> CAIBALION

Este Princípio contém a verdade que existe uma correspondência entre as leis e os fenômenos dos diversos planos da

---

(6) *Quod superius est sicut quod inferius, et quod inferius est sicut quod superius.*

Diz-se que *"o que está em cima é como o que está embaixo"*, isto é, *análogo e correspondente,* mas não igual, nem semelhante. Dizemos *semelhantes* as coisas que têm aparências comuns; dizemos *iguais* as coisas que têm dimensões iguais. Uma coisa é *análoga e correspondente* a outra quando tem função *correspondente e análoga.* Assim na constituição humana o ventre é correspondente à boca, o peito ao nariz e a cabeça aos olhos e aos ouvidos, porque a boca, sendo a entrada do

21

Existência e da Vida. O velho axioma hermético diz estas palavras: *"O que está em cima é como o que está embaixo, e o que está embaixo é como o que está em cima."* A compreensão deste Princípio dá ao homem os meios de explicar muitos paradoxos obscuros e segredos da Natureza. Existem planos fora dos nossos conhecimentos, mas quando lhes aplicamos o Princípio de Correspondência chegamos a compreender muita coisa que de outro modo nos seria impossível compreender. Este Princípio é de aplicação e manifestação universal nos diversos planos do universo material, mental e espiritual: é uma Lei Universal.

Os antigos Hermetistas consideravam este Princípio como um dos mais importantes instrumentos mentais, por meio dos quais o homem pode ver além dos obstáculos que encobrem à vista o Desconhecido. O seu uso constante rasgava aos poucos o véu de Ísis e um vislumbre da face da deusa podia ser percebido. Justamente do mesmo modo que o conhecimento dos Princípios da Geometria habilita o homem, enquanto estiver no seu observatório, a medir sóis longínquos, assim também o conhecimento do Princípio de Correspondência habilita o Homem a raciocinar inteligentemente do Conhecido ao Desconhecido. Estudando a mônada, ele chega a compreender o arcanjo.

---

ventre, tem uma função análoga, porém mais elevada que ele, o mesmo dá-se com o nariz para com o peito e a cabeça para com os olhos e principalmente para com os ouvidos.

Portanto seria erro dizer *o que está em cima é igual ao que está embaixo,* porque a matéria não é igual ao espírito, o céu não é igual à terra, o volátil não é igual ao fixo, etc.

(Consultar o folheto de Papus: "Como é constituído o ente humano?") — (N. do T.)

III. O Princípio de Vibração

*"Nada está parado; tudo se move;
tudo vibra."* — O CAIBALION

Este Princípio encerra a verdade que *tudo está em movimento*: *tudo vibra; nada está parado*; fato que a Ciência moderna observa, e que cada nova descoberta científica tende a confirmar. E contudo este Princípio hermético foi enunciado há milhares de anos pelos Mestres do antigo Egito.

Este Princípio explica que as diferenças entre as diversas manifestações de Matéria, Energia, Mente e Espírito, resultam das ordens variáveis de Vibração. Desde O TODO, que é Puro Espírito, até a forma mais grosseira da Matéria, tudo está em vibração; quanto mais elevada for a vibração, tanto mais elevada será a posição na escala. A vibração do Espírito é de uma intensidade e rapidez tão infinitas que praticamente ele está parado, como uma roda que se move muito rapidamente parece estar parada.

Na extremidade inferior da escala estão as grosseiras formas da matéria, cujas vibrações são tão vagarosas que parecem estar paradas. Entre estes pólos existem milhões e milhões de graus diferentes de vibração. Desde o corpúsculo e o elétron, desde o átomo e a molécula, até os mundos e universos, tudo está em movimento vibratório. Isto é verdade nos planos da energia e da força (que também variam em graus de vibração); nos planos mentais (cujos estados dependem das vibrações), e também nos planos espirituais.

O conhecimento deste Princípio, com as fórmulas apropriadas, permite ao estudante hermetista conhecer as suas vibrações mentais, assim como também a dos outros. Só os Mestres podem aplicar este Princípio para a conquista dos Fenômenos Naturais, por diversos meios. *"Aquele que compreende o Princípio de vibração alcançou o cetro do poder"*, diz um escritor antigo.

23

IV. O Princípio de Polaridade

> *"Tudo é Duplo; tudo tem pólos; tudo tem o seu oposto; o igual e o desigual são a mesma coisa; os opostos são idênticos em natureza, mas diferentes em grau; os extremos se tocam; todas as verdades são meias--verdades; todos os paradoxos podem ser reconciliados."* — O CAIBALION

Este Princípio encerra a verdade: *tudo é Duplo; tudo tem dois pólos; tudo tem o seu oposto,* que formava um velho axioma hermético. Ele explica os velhos paradoxos, que deixaram muitos homens perplexos, e que foram estabelecidos assim: *A Tese e a Antítese são idênticas em natureza, mas diferentes em grau; os opostos são a mesma coisa, diferindo somente em grau; os pares de opostos podem ser reconciliados; os extremos se tocam; tudo existe e não existe ao mesmo tempo; todas as verdades são meias-verdades; toda verdade é meio-falsa; há dois lados em tudo, etc., etc.* Ele explica que em tudo há dois pólos ou aspectos opostos, e que os *opostos* são simplesmente os dois extremos da mesma coisa, consistindo a diferença em variação de graus. Por exemplo: o Calor e o Frio, ainda que sejam *opostos,* são a mesma coisa, e a diferença que há entre eles consiste simplesmente na variação de graus dessa mesma coisa.

Olhai para o vosso termômetro e vede se podereis descobrir onde termina o *calor* e começa o *frio!* Não há coisa de *calor absoluto* ou de *frio absoluto;* os dois termos *calor* e *frio* indicam somente a variação de grau da mesma coisa, e que essa *mesma coisa* que se manifesta como *calor* e *frio* nada mais é que uma forma, variedade e ordem de Vibração.

Assim o *calor* e o *frio* são unicamente os *dois pólos* daquilo que chamamos *Calor;* e os fenômenos que daí decorrem são manifestações do Princípio de Polaridade. O mesmo Princípio se manifesta no caso da *Luz* e da *Obscuridade,* que são a mesma coisa, consistindo a diferença simplesmente nas variações de graus entre os dois pólos do fenômeno. Onde cessa a *obscuridade* e começa a *luz?* Qual é a diferença entre o *grande* e o *pequeno?* Entre o *forte* e o *fraco?* Entre o *branco* e o *preto?* Entre o *perspicaz* e o *néscio?* Entre o *alto* e o *baixo?* Entre o *positivo* e o *negativo?*

O Princípio de Polaridade explica estes paradoxos e nenhum outro Princípio pode excedê-lo. O mesmo Princípio opera no Plano mental. Permitiu-nos tomar um exemplo extremo: o do *Amor* e o *Ódio,* dois estados mentais em aparência totalmente diferentes. E, apesar disso, existem graus de Ódio e graus de Amor, e um ponto médio em que usamos dos termos *Igual* ou *Desigual,* que se encobrem mutuamente de modo tão gradual que às vezes temos dificuldades em conhecer o que nos *é igual, desigual ou nem um nem outro.* E todos são simplesmente graus da mesma coisa, como compreendereis se meditardes um momento. E mais do que isto (coisa que os Hermetistas consideram de máxima importância), é possível mudar as vibrações de Ódio em vibrações de Amor, na própria mente de cada um de nós e nas mentes dos outros.

Muitos de vós, que ledes estas linhas, tiveram experiências pessoais da transformação do Amor em Ódio ou do inverso, quer isso se desse com eles mesmos, quer com outros. Podeis pois tornar possível a sua realização, exercitando o uso da vossa Vontade por meio das fórmulas herméticas. *Deus* e o *Diabo,* são, pois, os pólos da mesma coisa, e o Hermetista entende a arte de transmutar o Diabo em Deus, por meio da aplicação do Princípio de Polaridade. Em resumo, a *Arte de Polaridade* fica sendo uma fase da *Alquimia Mental,* conhecida e praticada pelos antigos e modernos Mestres hermetistas. O conhecimento do Princípio habilitará o discípulo a mudar a sua própria Polaridade, assim como a dos outros, se ele consagrar o tempo e o estudo necessário para obter o domínio da arte.

V. O Princípio de Ritmo

"Tudo tem fluxo e refluxo; tudo tem suas marés; tudo sobe e desce; tudo se manifesta por oscilações compensadas; a medida do movimento à direita é a medida do movimento à esquerda; o ritmo é a compensação."
— O CAIBALION

Este Princípio contém a verdade que em tudo se manifesta um movimento para diante e para trás, um fluxo e refluxo, um movimento de atração e repulsão, um movimento semelhante ao do pêndulo, uma maré enchente e uma maré vazante, uma maré alta e uma maré baixa, entre os dois pólos, que existem, conforme o Princípio de Polaridade de que tratamos há pouco. Existe sempre uma ação e uma reação, uma marcha e uma retirada, uma subida e uma descida. Isto acontece nas coisas do Universo, nos sóis, nos mundos, nos homens, nos animais, na mente, na energia e na matéria.

Esta lei é manifesta na criação e destruição dos mundos, na elevação e na queda das nações, na vida de todas as coisas, e finalmente nos estados mentais do Homem (e é com estes últimos que os Hermetistas reconhecem a compreensão do Princípio mais importante). Os Hermetistas compreenderam este Princípio, reconhecendo a sua aplicação universal, e descobriram também certos meios de dominar os seus efeitos no próprio ente com o emprego de fórmulas e métodos apropriados. Eles aplicam a Lei mental de Neutralização. Eles não podem anular o Princípio ou impedir as suas operações, mas aprenderam como se escapa dos seus efeitos na própria pessoa, até um certo grau que depende do Domínio deste Princípio. Aprenderam como *empregá-lo,* em vez de *serem empregados* por ele.

Neste e noutros métodos consiste a Arte dos Hermetistas. O Mestre dos Hermetistas polariza-se até o ponto em que desejar, e então neutraliza a Oscilação Rítmica pendular que tenderia a arrastá-lo ao outro pólo.

Todos os indivíduos que atingiram qualquer grau de Domínio próprio executam isto até um certo grau, mais ou menos inconscientemente, mas o Mestre o faz conscientemente e com o uso da sua Vontade, atingindo um grau de Equilíbrio e Firmeza mental quase impossível de ser acreditado pelas massas populares que vão para diante e para trás como um pêndulo. Este Princípio e o da Polaridade foram estudados secretamente pelos Hermetistas, e os métodos de impedi-los, neutralizá-los e *empregá-los* formam uma parte importante da Alquimia Mental do Hermetismo.

VI. O Princípio de Causa e Efeito

> *"Toda a Causa tem seu Efeito, todo o Efeito tem sua Causa; tudo acontece de acordo com a Lei; o Acaso é simplesmente um nome dado a uma Lei não reconhecida; há muitos planos de causalidade, porém nada escapa à Lei."* — O CAIBALION

Este princípio contém a verdade que há uma Causa para todo o Efeito e um Efeito para toda a Causa. Explica que: *Tudo acontece de acordo com a Lei,* nada *acontece sem razão,* não há coisa que seja casual; que, no entanto, existem vários planos de Causa e Efeito, os planos superiores dominando os planos inferiores, nada podendo escapar completamente da Lei.

Os Hermetistas conhecem a arte e os métodos de elevar-se do plano ordinário de Causa e Efeito, a um certo grau, e por meio da elevação mental a um plano superior tornam-se Causadores em vez de Efeitos.

As massas do povo são levadas para a frente; os desejos e as vontades dos outros são mais fortes que as vontades delas; a hereditariedade, a sugestão e outras causas exteriores movem-nas como se fossem peões no tabuleiro de xadrez da Vida. Mas os

27

Mestres, elevando-se ao plano superior, dominam o seu gênio, caráter, suas qualidades, poderes, tão bem como os que o cercam e tornam-se Motores em vez de peõcs. Eles ajudam a *jogar a* criação, quer física, quer mental ou espiritual, é possível sem *partida da vida,* em vez de serem jogados e movidos por outras vontades e influênciás. *Empregam* o Princípio em lugar de serem seus instrumentos. Os Mestres obedecem à Causalidade do plano superior, mas ajudam a *governar* o nosso plano.

Neste preceito está condensado um tesouro do Conhecimento hermético: aprenda-o quem quiser.

VII. O Princípio de Gênero

> *"O Gênero está em tudo; tudo tem o seu princípio masculino e o seu princípio feminino; o gênero se manifesta em todos os planos."* — O CAIBALION

Este princípio encerra a verdade que o *gênero* é manifestado em tudo; que o princípio masculino e o princípio feminino sempre estão em ação. Isto é certo não só no Plano físico, mas também nos Planos mental e espiritual. No Plano físico este Princípio se manifesta como *sexo,* nos planos superiores toma formas superiores, mas é sempre o mesmo Princípio. Nenhuma criação, quer física, quer mental ou espiritual, é possível sem este Princípio. A compreensão das suas leis poderá esclarecer muitos assuntos que deixaram perplexas as mentes dos homens. O Princípio de Gênero opera sempre na direção da geração, regeneração e criação [7].

Todas as coisas e todas as pessoas contêm em si os dois Elementos deste grande Princípio.

---

(7) Geração no Plano físico; regeneração no Plano mental e criação no Plano espiritual. — (N. do T.)

Todas as coisas machos têm também o Elemento feminino; todas as coisas fêmeas têm o Elemento masculino. Se compreenderdes a filosofia da Criação, Geração e Regeneração [8] mentais, podereis estudar e compreender este Princípio hermético. Ele contém a solução de muitos mistérios da Vida. Nós vos advertimos que este Princípio não tem relação alguma com as teorias e práticas luxuriosas, perniciosas e degradantes, que têm títulos empolgantes e fantásticos, e que nada mais são do que a prostituição do grande princípio natural de Gênero. Tais teorias, baseadas nas antigas formas infamantes do Falicismo, tendem a arruinar a mente, o corpo e a alma; e a Filosofia hermética sempre publicou notas severas contra estes preceitos que tendem à luxúria, depravação e perversão dos princípios da Natureza.

Se desejais tais ensinamentos podeis procurá-los noutra parte: o Hermetismo nada contém nestas linhas que sirva para vós. Para aquele que é puro, todas as coisas são puras; para os vis, todas as coisas são vis e baixas.

---

(8) A geração de uma idéia é a formação do gérmen dessa idéia; a regeneração é o aperfeiçoamento e o crescimento dessa idéia, e a criação é a realização completa da idéia. — (N. do T.)

Capítulo III

A TRANSMUTAÇÃO MENTAL

> *"A Mente (tão bem como os metais e os elementos) pode ser transmutada de estado em estado, de grau em grau, de condição em condição, de pólo em pólo, de vibração em vibração. A verdadeira transmutação hermética é uma Arte Mental."* — O Caibalion

Como dissemos, os Hermetistas eram os antigos alquimistas, astrólogos e psicologistas, tendo sido Hermes o fundador destas escolas de pensamento. Da astrologia nasceu a moderna astronomia; da alquimia nasceu a moderna química; da psicologia mística nasceu a moderna psicologia das escolas. Mas não se pode supor que os antigos ignoravam aquilo que as escolas modernas pretendem ser sua propriedade exclusiva e especial. As memórias gravadas nas pedras do Antigo Egito mostram claramente que os antigos tinham um grande conhecimento de astronomia, a verdadeira construção das Pirâmides representando a relação entre o seu desenho e o estudo da ciência astronômica. Não ignoravam a Química, porque os fragmentos dos antigos escritos mostram que eles conheciam as propriedades químicas das coisas; com efeito, as antigas teorias relativas à física vão sendo vagarosamente verificadas pelas últimas descobertas da ciência moderna, principalmente as que se referem à constituição da matéria. Não se deve crer que eles ignoravam as chamadas descobertas modernas em psicologia; pelo contrário, os egípcios eram especialmente versados na ciência da Psicologia, particularmente nos ramos que as modernas escolas ignoram; que, não obstante, têm sido encobertos sob o nome de *ciência psíquica,* que a confusão dos psicólogos da atualidade, fazendo-lhes com repugnância admitir que *afinal pode haver alguma coisa nela.*

A verdade é que, sob a química material, a astronomia e a psicologia (que é a psicologia na sua fase de *ação do pensamento*), os antigos possuíam um conhecimento da astronomia transcendente, chamada astrologia; da química transcendente, chamada alquimia; da psicologia transcendente chamada psicologia mística. Possuíam o Conhecimento Interno como o Conhecimento Externo, sendo o último o único possuído pelos cientistas modernos. Entre os muitos ramos secretos de conhecimento possuídos pelos Hermetistas estava o conhecido sob o nome de Transmutação Mental, que forma a exposição material desta lição.

Transmutação é um termo usualmente empregado para designar a antiga arte da transmutação dos metais; particularmente dos metais impuros em ouro. A palavra *transmutar* significa *mudar de uma natureza, forma ou substância, em outra; transformar* (Webster). E da mesma forma, *Transmutação Mental* significa a arte de transformar e de mudar os estados, as formas e as condições mentais em outras. Assim podeis ver que a Transmutação Mental é a *Arte da Química Mental* ou se quiserdes, uma forma da Psicologia Mística prática.

Porém estas significações estão muito longe de serem o que exteriormente parecem.

A Transmutação, Alquimia, ou Química, no Plano Mental é certamente muito importante nos seus efeitos, e se a arte cessou agora, assim mesmo não pode deixar de ser um dos mais importantes ramos de estudos conhecidos pelos homens. Mas isto é simplesmente o princípio. Vejamos a razão!

O primeiro dos Sete Princípios Herméticos é o princípio de Mentalismo, o seu axioma é *"O TODO é Mente; o Universo é Mental"*, que significa que a Realidade Objetiva do Universo é Mente; e o mesmo Universo é Mental, isto é, *existente na Mente do TODO*. Estudaremos este princípio nas seguintes lições, mas deixai-nos examinar o efeito do princípio se for considerado como verdade.

Se o Universo é Mental na sua natureza, a Transmutação Mental pode ser considerada como a arte de MUDAR AS CONDIÇÕES DO UNIVERSO, nas divisões de Matéria, Força e Mente. Assim compreendereis que a Transmutação Mental é realmente a *Magia* de que os antigos escritores muito trataram nas suas obras místicas, e de que dão muito poucas instruções práticas. Se Tudo é Mental, então a arte que ensina a transmutar as condições mentais pode tornar o Mestre diretor das condições materiais tão bem como das condições chamadas ordinariamente *mentais*.

De fato, nenhum alquimista, que não esteja adiantado na Alquimia mental, pode obter o grau necessário de poder para dominar as grosseiras condições físicas e os elementos da Natureza, a produção ou cessação das tempestades e dos terremotos assim como de outros grandes fenômenos físicos. Que tais homens tenham existido e existam ainda hoje, é matéria da maior certeza para todos os ocultistas adiantados de todas as escolas. Que existem Mestres e que eles têm estes poderes, os melhores instrutores asseguram-no aos seus discípulos, tendo experiências que os justificam nestas opiniões e declarações. Estes Mestres não exibem em público os seus poderes, mas procuram o afastamento do tumulto dos homens, com o fim de abrir melhor o seu caminho na Senda do Conhecimento. Mencionamos aqui a sua existência simplesmente com o fim de chamar a vossa atenção para o fato de que o seu poder é inteiramente Mental, e de que eles operam conforme as linhas da mais elevada Transmutação mental, e em conformidade com o Princípio hermético de Mentalismo. *"O Universo é Mental"* — O CAIBALION.

Porém os discípulos e os Hermetistas de grau inferior aos Mestres — os Iniciados e Instrutores — podem facilmente operar pelo Plano Mental ao praticar a Transmutação Mental. Com efeito, tudo o que chamamos *fenômenos psíquicos, influência mental, ciência mental, fenômenos de novo pensamento,* etc., se realiza conforme a mesma linha geral, porque nisto está mais um princípio oculto, do que a matéria cujo nome é dado ao fenômeno.

O discípulo que é praticante da Transmutação Mental opera no Plano Mental, transmutando as condições mentais, os estados, etc., em outros, de acordo com diversas fórmulas mais ou menos eficazes. Os diversos *tratamentos, as afirmações e negações,* etc., das escolas da ciência mental são antes fórmulas, freqüentemente muito imperfeitas e incientíficas, da Arte hermética. A maioria dos praticantes modernos são muito ignorantes em comparação com os antigos mestres, pois eles carecem do conhecimento fundamental sobre que é baseada a operação.

Não somente os próprios estados mentais podem ser mudados ou transmutados pelos métodos herméticos; mas também os estados mentais dos outros podem ser, e mesmo são constantemente transmutados na mesma direção, quase sempre inconscientemente, mas às vezes conscientemente, por uma pessoa que conheça as leis e os princípios, nos casos em que a pessoa influenciada não esteja informada dos princípios da proteção própria. E, ainda mais, como sabem diversos discípulos e praticantes da moderna ciência mental, toda condição material que depende das mentes dos outros pode ser mudada ou transmutada de acordo com o desejo, a vontade e os *tratamentos* reais da pessoa que deseja mudar as condições da vida. Na atualidade o público está informado geralmente destas coisas, que não julgamos necessário mencioná-las por extenso; porque o nosso propósito a este respeito é simplesmente mostrar a Arte e o Princípio hermético de Polaridade.

Neste livro procuramos estabelecer os princípios básicos da Transmutação Mental, para que todos os que lêem possam compreender os Princípios secundários, e possuir então a Chave-Mestra que abrirá as diversas portas do Princípio hermético de Polaridade.

Vamos fazer agora uma consideração sobre o primeiro dos Sete Princípios herméticos: o princípio de Mentalismo, que afirma a verdade que *"O TODO é Mente; o Universo é Mental"*, conforme as palavras do Caibalion. Pedimos uma atenção íntima e um estudo cuidadoso deste grande Princípio, da parte dos nossos discípulos, porque ele é realmente o Princípio Básico de toda a Filosofia hermética e da Arte hermética de Transmutação Mental.

CAPÍTULO IV

O TODO

"Sob as aparências do Universo, do Tempo, do Espaço e da Mobilidade, está sempre encoberta a Realidade Substancial: a Verdade fundamental."
— O CAIBALION

A Substância é aquilo que se oculta debaixo de todas as manifestações exteriores, a essência, a realidade essencial, a coisa em si mesma, etc. Substancial é aquilo que existe atualmente, que é elemento essencial, que é real, etc. A Realidade é o estado real, verdadeiro, permanente, duradouro, atual de um ente.

Debaixo e dentro de todas as aparências ou manifestações exteriores, sempre houve uma Realidade substancial. Esta é a Lei.

O homem, considerando o Universo, de que é simplesmente uma partícula, observa que tudo se transforma em matéria, em forças e em estados mentais. Ele conhece que nada É real, mas que, pelo contrário, tudo é *MÓVEL* e *CONDICIONAL*. Nada está parado; tudo nasce, cresce e morre; no momento em que uma coisa chega a seu auge, logo começa a declinar; a lei do ritmo está em constante ação; não há realidade, qualidade duradoura, fixidez ou substancialidade em qualquer coisa que

35

seja; nada é permanente, tudo se transforma. O homem que observa as leis do Universo vê que todas as coisas evoluem de outras coisas, e resolvem-se em outras; vê uma constante ação e reação, um fluxo e refluxo, uma criação e destruição, o nascimento, crescimento e a morte. Nada é permanente, tudo se transforma. Se esse homem for um pensador ativo, ele realizará todas essas coisas mudáveis, que serão, contudo, aparências ou manifestações exteriores da mesma Força Oculta, da mesma realidade substancial.

Todos os pensadores de todos os países e todas as épocas compreenderam a necessidade de ser admitida a existência desta Realidade substancial. Todas as filosofias dignas deste nome acham-se baseadas nesta opinião. Os homens deram a esta Realidade substancial muitas denominações: muitos designaram-na sob o termo Divindade (sob diversos títulos); outros chamaram-na a *Eterna e Infinita Energia*; outros ainda deram-lhe simplesmente o nome de *Matéria*: mas todos reconheceram a sua existência. Isto é evidente por si mesmo, não é necessário argumentos.

Nestas lições seguiremos o exemplo de muitos grandes pensadores antigos e modernos — os Mestres hermetistas — e designaremos esta Força Oculta, esta Realidade substancial sob o nome de O TODO, termo que consideramos como o mais compreensível dos diversos termos empregados pelo Homem para designar AQUELE que excede todos os nomes e todos os termos.

Aceitamos e ensinamos as idéias dos grandes pensadores herméticos de todos os tempos, assim como as destas almas iluminadas, que galgaram elevados planos de existência, e que afirmam a natureza íntima do TODO ser INCOGNOSCÍVEL. Isto é assim porque ninguém pode compreender pelo próprio TODO a natureza e a existência íntima dele.

Os Hermetistas pensam e ensinam que o TODO, *em si mesmo*, é e será sempre INCOGNOSCÍVEL. Eles consideram todas as teo-

36

rias, conjeturas e especulações dos teólogos e metafísicos a respeito da natureza íntima do TODO, como esforços infantis das mentes finitas para compreender o segredo do Infinito. Tais esforços sempre desviaram e desviarão da verdadeira natureza do seu fim. Uma pessoa que prossegue em tais investigações vai, de circuito em circuito no labirinto do pensamento, prejudicar o seu são raciocínio, a sua ação e a sua conduta, até ficar totalmente inutilizada para o trabalho da vida. É como o esquilo, que furiosamente corre dentro da redondeza da sua gaiola, caminhando sempre sem nunca chegar em parte alguma, e parando só quando se assusta: é enfim um prisioneiro.

Porém são ainda mais presunçosos os que atribuem ao TODO a personalidade, as qualidades e propriedades — característicos e atributos deles mesmos —, e querem que o TODO tenha emoções, sensações e outros característicos humanos que estão abaixo das pequenas qualidades do gênero humano, tais como a inveja, o desejo de lisonjas e louvores, desejo de oferendas e adorações, e todos os outros atributos que sobrevivem desde a infância da raça. Tais idéias não são dignas de pessoas maduras e vão sendo rapidamente abandonadas.

(Vem a propósito dizer aqui que fazemos distinção entre a Religião e a Teologia, entre a Filosofia e a Metafísica.)

A Religião para nós é a realização institucional da existência do TODO, e sua relação para com ele; ao passo que a Teologia representa o esforço do homem em atribuir-lhe personalidade, qualidades e característicos, as teorias a respeito dos seus negócios, planos, desejos e vontades, e as apropriações de tudo isso para o ofício de *mediadores* entre o TODO e o povo.

A Filosofia é, para nós, a investigação de acordo com o conhecimento das coisas conhecíveis e concebíveis; ao passo que a Metafísica é o intento de levar a investigação às regiões incognoscíveis e inconcebíveis e além dos seus limites, com a mesma tendência que a Teologia. Por conseguinte, a Religião e a Filosofia são para nós coisas que têm o seu princípio na

Realidade, ao passo que a Teologia e a Metafísica parecem delgados caniços, enraizados na areia movediça da ignorância, e nada mais constituem que o mais incerto apoio para a mente ou a alma do Homem. Não insistiremos com os estudantes que aceitam estas definições; só mencionamo-las para mostrar a posição em que nos colocamos neste assunto. Seja como for falaremos muito pouco sobre a Teologia e a Metafísica.

Mas, conquanto a natureza essencial do TODO seja Incognoscível, existem certas verdades conexas com a sua existência que a mente humana foi obrigada a aceitar. E o exame destas verdades forma um assunto próprio para investigações, mormente quando elas concordam com o testemunho do Iluminado nos planos superiores. Nós vos convidamos a fazer estas investigações.

"AQUELE que é a Verdade Fundamental, a Realidade Substancial, está fora de uma verdadeira denominação, mas o sábio chama-o O TODO." — O CAIBALION

"Na sua Essência, O TODO é INCOGNOSCÍVEL." — O CAIBALION

"Mas os testemunhos da Razão devem ser hospitaleiramente recebidos e tratados com respeito." — O CAIBALION

A razão humana, cujos testemunhos devemos aceitar ao raciocinar sobre alguma coisa, nos diz o seguinte a respeito do TODO, mas sem pretender levantar o véu do Incognoscível:

I. O TODO é Tudo o que É REAL. Nada pode existir fora do TODO, porque do contrário o TODO não seria mais o TODO.

II. O TODO É INFINITO, porque não há quem defina, restrinja e limite o TODO. É Infinito no Tempo, ou ETERNO; existiu sempre, sem cessar; porque nada há que o pudesse criar, e se ele não *tivesse existido,* não podia *existir* agora; existirá perpetuamente, porque não há quem o destrua, e ele não pode *deixar de existir*, porque aquilo que *é alguma coisa* não pode ficar sendo *nada.* É infinito no espaço; está em toda parte porque não há lugar. fora do TODO; é contínuo no Espaço sem cessação, separação ou interrupção, porque nada há que separe, divida ou interrompa a sua continuidade, e nada há para *encher lacunas*. É Infinito ou Absoluto em Poder; porque não há nada para limitá-lo, restringi-lo ou acondicioná-lo; não está sujeito a nenhum outro Poder, porque não há outro Poder.

III. O TODO É IMUTÁVEL, ou não está sujeito a ser mudado na sua natureza real, nada há que possa operar mudanças nele, nada há em que possa ser mudado nem nada que tenha sido mudado. Não pode ser aumentado nem diminuído, nem ficar maior ou menor, seja qual for o motivo. Ele sempre foi e sempre será tal como é agora: o TODO; nada houve, nada há e nada haverá em que ele possa ser mudado.

O TODO sendo Infinito, Absoluto, Eterno e Imutável, segue-se que tudo · o que é finito, passageiro, condicional e mutável não é o TODO. E como não há nada Real fora do TODO, todas as coisas finitas não são Reais. Não deveis ficar admirados e espantados das nossas palavras; não queremos levar-vos à Ciência Cristã fundada sobre a parte inferior da Filosofia hermética. Há uma Reconciliação para o aparente estado contraditório atual do assunto. Tende paciência, que nós trataremos deste assunto em seu tempo.

Vemos ao redor de nós que aquilo que se chama *Matéria* constitui o princípio de todas as formas. É o TODO simplesmente Matéria? Absolutamente não! A Matéria não pode manifestar a Vida ou a Mente, e como a Vida e a Mente são manifestadas no Universo, porque nada é superior à sua própria origem, nada se manifesta como efeito que não esteja na causa, nada evolui como conseqüente, que não tenha involuído como antecedente. Quando a ciência moderna nos diz que não há realmente outra coisa senão Matéria, devemos saber que aquilo que ela chama Matéria é simplesmente *uma energia* ou *força interrompida,* isto é, uma energia ou força com poucos graus de vibração. Disse um recente escritor, *"a Matéria obscureceu-se no Mistério"*. Mesmo a ciência materialista já abandonou a teoria da Matéria e agora se apóia sobre a base da *Energia*.

Então o TODO é simplesmente Energia ou Força? Não é Energia ou Força como os materialistas empregam estes termos, porque a energia e força deles são coisas cegas e mecânicas, privadas de Vida ou de Mente. A Vida ou a Mente não pode evoluir da Energia ou Força cega, pela razão dada acima, que: *Nada é superior à sua própria origem, nada evolui que não tenha involuído, nada se manifesta como efeito que não tenha a sua causa.* E assim o TODO não pode ser simplesmente Energia ou Força, porque, se assim fosse, não teriam existência a Vida e a Mente, e nós sabemos muito bem que elas existem, porque somos nós os que temos Vida, e que empregamos a Mente para considerar esta questão, assim como os que pretendem que a Energia ou Força é Tudo.

Que é, pois, que sabemos existir no Universo, que é superior à Matéria ou Energia? A VIDA E A MENTE! A Vida e a Mente em todos os seus diversos graus de desenvolvimento! "Então, perguntais, quereis dizer que o TODO É VIDA E MENTE? Sim e Não! é a nossa resposta. Se entendeis a Vida e a Mente como nós pobres mortais conhecêmo-las, diremos, Não! O TODO não é isto! "Mas, que natureza de Vida e de Mente quereis significar?", direis vós.

A resposta é: "A MENTE VIVENTE, muito acima do que os mortais conhecem por essas palavras, como a Vida e a Mente são superiores às forças mecânicas ou à matéria; A INFINITA MENTE é muito superior em comparação à Vida e à Mente finita." Queremos exprimir o que as almas iluminadas significam ao pronunciarem reverentemente a palavra ESPÍRITO!

O TODO é a Infinita Mente Vivente; o Iluminado chama-a ESPÍRITO!

CAPÍTULO V

O UNIVERSO MENTAL

*"O Universo é Mental: ele está
dentro da mente d'O TODO."* — O
CAIBALION

O TODO é ESPÍRITO! Mas que é Espírito? Esta pergunta
não pode ser respondida, porque a sua definição seria praticamente a do TODO, que não pode ser explicado nem definido.
Espírito é um simples nome que os homens dão às suas mais
elevadas concepções da Infinita Mente Vivente; esta palavra
significa a *Essência Real*; significa a Mente Vivente, tão superior
à Vida e à Mente tais como as conhecemos, quanto estas últimas são superiores à Energia mecânica e à Matéria. O Espírito
é superior ao nosso entendimento, e só empregamos este termo
para podermos falar do TODO. No juízo dos pensadores e inteligentes estamos justificados falando do Espírito como Infinita
Mente Vivente, e reconhecendo que não podemos compreen-
dê-la, quer raciocinando sobre ela, quer estudando a matéria
na sua totalidade.

Façamos agora uma consideração sobre a natureza do Universo, quer no seu todo, quer nas suas partes. Que é o Universo? Dissemos que nada há fora do TODO. Então o Universo
é o TODO? Não; não o é; porque o Universo parece ser formado

41

de MUITOS, e está constantemente mudando, ou, por outras palavras, ele não pode ser comparado com as idéias que estabelecemos a respeito do TODO. Então, se o Universo não é o TODO, ele é o Nada; tal é a conclusão inevitável da mente à primeira idéia. Mas esta não satisfaz a questão, porque sentimos a existência do Universo. Ora, se o Universo não é o TODO, nem o Nada, que será então? Examinemos a questão.

Se verdadeiramente o Universo existe, ou parece existir, ele procederá diretamente do TODO, poderá ser uma criação do TODO. Mas como poderá alguma coisa sair do nada, de que o TODO a teria criado?

Vários filósofos responderam a esta pergunta, dizendo que o TODO criou o Universo de SI MESMO, isto é, da existência e substância do TODO. Mas isto não pode ser, porque o TODO não pode ser dividido ou diminuído, como já vimos, e se isto fosse verdade, cada partícula do Universo não poderia deixar de conhecer o seu ente — o TODO; o TODO não perderia o conhecimento próprio, nem SE TORNARIA atualmente um átomo, uma força cega ou uma coisa de vida humilde. Com efeito, alguns homens, julgando que o TODO é exatamente TUDO, e reconhecendo também que eles, os homens, existem, aventuraram-se a concluir que eles eram idênticos ao TODO, e atroaram os ares com os seus clamores de "EU SOU DEUS!" para divertimento da multidão e sorriso dos sábios. O clamor do corpúsculo que dissesse: "Eu sou Homem!", seria mais modesto em comparação.

Mas, que é, pois, o Universo, se não for o TODO separando a si mesmo em fragmentos? Que outra coisa poderá ser? De que coisa poderá ser feito? Esta é a grande questão. Examinemo-la bem. Reconhecemos que o *Princípio de Correspondência* (vide a primeira lição) vem em nosso auxílio aqui. O velho axioma hermético *"o que está em cima é como o que está embaixo"*, pode ser empregado com êxito neste ponto. Permiti-nos fazer uma rápida hipótese sobre os planos elevados, examinan-

42

do-os em nós mesmos. O Princípio de Correspondência aplica-se a este como a outros problemas.

Vejamos, pois! No seu próprio plano de existência, como cria o Homem? Primeiramente, ele pode criar, fazendo alguma coisa de materiais exteriores. Mas assim não pode ser, porque não há materiais exteriores ao TODO, com os quais ele possa criar. Em segundo lugar, o Homem procria ou reproduz a sua espécie pelo processo da geração que é a própria multiplicação por meio da transformação de uma parte da sua substância na da sua prole. Mas, assim também não pode ser, porque o TODO não pode transferir ou subtrair uma parte de si mesmo, assim como reproduzir ou multiplicar a si mesmo: no primeiro caso haveria uma revogação da lei, e no segundo, uma multiplicação ou adição do TODO, idéias totalmente absurdas. Não há nenhum outro meio pelo qual o HOMEM cria? Sim, há; ele CRIA MENTALMENTE! E deste modo, não emprega materiais exteriores, não reproduz a si mesmo, e, apesar disso, o seu Espírito penetra a Criação Mental.

Conforme o Princípio de Correspondência, temos razão de considerar que o TODO CRIA MENTALMENTE o Universo, de um modo semelhante ao processo pelo qual o Homem cria as Imagens mentais. Este é o testemunho da Razão, que concorda perfeitamente com o testemunho do Iluminado, como ele o manifesta pelos seus ensinos e escritos. Assim são os ensinamentos do Sábio. Tal era a doutrina de Hermes.

O TODO não pode criar de outro modo senão mentalmente, sem empregar qualquer material (nada há para ser empregado), e nem reproduzir a si mesmo (o que é também impossível). Não se pode escapar desta conclusão da Razão, que, como dissemos, concorda com os mais elevados preceitos do Iluminado. Justamente como vós podeis criar um Universo de vós mesmos na vossa mentalidade, assim o TODO cria Universo na sua própria Mente. Mas o vosso Universo é criação mental de uma Mente finita, enquanto que o do TODO é criação de uma Mente Infinita. Ambos são análogos em natureza, mas infinitamente diferentes em grau. Vamos examinar cuidadosamente como fazemos nos processos de criação e manifestação. Mas antes de tudo é preciso fixardes as vossas mentes nesta frase: O UNIVERSO, E TUDO O QUE ELE CONTÉM, É UMA CRIAÇÃO MENTAL DO TODO. Com efeito, O TODO É MENTE!

"O TODO cria na sua Mente infinita inumeráveis Universos, que existem por eons[9] de Tempo; e contudo, para O TODO, a criação, o desenvolvimento, o declínio e a morte de um milhão de Universos é como que o tempo do pestanejar dum olho." — O CAIBALION.

"A Mente Infinita d'O TODO é a matriz dos Universos." — O CAIBALION.

O Princípio de Gênero (vide lição primeira e seguintes) é manifestado em todos os planos de vida, quer materiais, mentais ou espirituais. Mas, como já dissemos, *Gênero não significa Sexo*; o sexo é simplesmente uma manifestação material do gênero. *Gênero significa relativo à geração ou criação.* Em qualquer lugar, em qualquer plano, em que uma coisa é criada ou gerada, o Princípio de Gênero se manifesta. E isto é verdade mesmo na criação dos Universos.

Mas, não se deve concluir disto que ensinamos haver um Deus ou Criador macho e fêmea. Esta idéia é um desvio dos antigos preceitos sobre este assunto.

---

(9) A palavra *eon* deriva-se do grego αἰών, que significa *idade, vida, tempo, ciclo gerador, eternidade. Eons de Tempo* implica uma idéia de *Ciclos indeterminados de Tempo.* Conforme Fabre d'Olivet *Ai* (אֵי) é o centro para o qual tende a vontade universal, *ion* (יוֹן) é o ente passando da potência ao ato; em sentido restrito, é uma *coisa indeterminada, sem formas definidas, sem fixidez.* A palavra *eon,* αἰών, representa, pois, o tempo que emprega a vontade universal para atingir o seu fim, que é a entrada no seio d'O TODO. — (N. do T.)

O verdadeiro ensinamento é que o TODO em si mesmo está fora do Gênero, assim como de qualquer outra Lei, mesmo as do Tempo e do Espaço. Ele é a Lei de que todas as Leis procedem e não está sujeito a elas. Contudo, quando o TODO se manifesta no plano de geração ou criação, os seus atos concordam com a Lei e o. Princípio, porque se realizam num plano inferior de existência. E, por conseguinte, ele manifesta no Plano Mental o Princípio de Gênero, nos seus aspectos Masculino e Feminino.

Esta idéia poderá causar admiração a alguns de vós, que aprendem-na pela primeira vez, mas todos vós aceitaste-a passivamente nas vossas concepções diárias. Falais na Paternidade de Deus e na Maternidade da Natureza; de Deus, o Pai divino e da Natureza, a Mãe universal; logo, reconheceis instintivamente o Princípio de Gênero no Universo. Não é verdade?

Mas a doutrina hermética não exprime uma dualidade real: o TODO é UM; os dois aspectos são simplesmente aspectos de manifestação. O ensinamento é que o Princípio Masculino manifestado pelo TODO só impede a destruição da concepção atual do Universo. Ele projeta o seu Desejo no Princípio Feminino (que se chama *Natureza*), ao mesmo tempo que este último começa a obra atual da evolução do Universo, desde os simples *centros de atividade* até o homem, e subindo cada vez mais de acordo com as bem-estabelecidas Leis da Natureza. Se dais preferência aos velhos modos de expressão, podeis considerar o Princípio Masculino como DEUS, o Pai, e o Princípio Feminino como a NATUREZA, a Mãe Universal, em cuja matriz todas as coisas foram geradas. Isto não é simplesmente uma *ficção* poética de linguagem; é uma idéia do processo atual de criação do Universo. Mas é preciso não esquecer que o TODO é um, e que o Universo é gerado, criado e existe na sua Mente Infinita.

Isto vos permitirá fazer uma idéia de vós mesmos, se quiserdes aplicar a Lei de Correspondência à vossa própria mente e a vós mesmos. Sabeis que a parte de Vós que chamais *Eu,* em certo sentido, sustenta e prova a criação de Imagens mentais na vossa própria mente. A parte da vossa mente em que é realizada a geração mental pode ser chamada o *eu inferior,* distinto do *Eu,* que sustenta e examina os pensamentos, as idéias e as imagens do *eu inferior.* Reparai bem que *"o que está em cima é como o que está embaixo",* e que os fenômenos de um plano podem ser empregados na solução dos enigmas de planos superiores ou inferiores.

Será para admirar que Vós, os filhos, sintais esta instintiva reverência pelo TODO, sentimento que chamamos *religião*; esta reverência e este respeito para com a MENTE-PAI? Será para admirar que, ao considerar as obras e as maravilhas da Natureza, fiqueis dominado por um grande sentimento que tem sua origem fora do vosso íntimo ser? É a MENTE-MÃE que vos estreita, como a mãe estreita seu filho ao seio.

Não deveis cometer o erro de crer que o pequeno mundo que vedes ao redor de vós, a Terra, que é simplesmente um grão de areia em comparação com o Universo, seja o próprio Universo. Existem milhões de mundos semelhantes e maiores. Há milhões e milhões de Universos iguais em existência dentro da Mente Infinita do TODO. E mesmo no nosso pequeno sistema solar há regiões e planos de vida mais elevados que os nossos, e entes, em comparação aos quais nós, míseros mortais, somos como as viscosas formas viventes que habitam no fundo do oceano, comparadas ao Homem. Há entes com poderes e atributos superiores aos que o Homem sonhou ser possuído pelos deuses. Não obstante, estes entes foram como vós e ainda inferiores, e, com o tempo, vós podeis ser como eles ou superiores a eles; porque, como diz o Iluminado, tal é o Destino do Homem.

A Morte não é real, ainda mesmo no sentido relativo; ela é simplesmente o Nascimento a uma nova vida, e continuareis a ir sempre de planos elevados de vida a outros mais elevados, por *eons* e *eons* de tempo. O Universo é vossa habitação e estudareis os seus mais distantes acessos antes do fim do Tempo. Residis na Mente Infinita do TODO, e as vossas potencialidades e oportunidades são infinitas, mas somente no tempo e no espaço. E no fim do Grande Ciclo de Eons, o TODO recolherá em si todas as suas criações; porém, vós continuareis alegremente a vossa jornada, porque então querereis preparar-vos para conhecer a Verdade Total da existência em Unidade com o TODO.

E, quando estiverdes na metade do caminho, estareis calmos e serenos; sois seguros e protegidos pelo Poder Infinito da MENTE-MÃE.

"Dentro da Mente Pai-Mãe, o filho mortal está na sua morada." — O CAIBALION

"Não há nenhum órfão de Pai ou de Mãe no Universo." — O CAIBALION

Capítulo VI

O PARADOXO DIVINO

"Os falsos sábios, reconhecendo a irrealidade comparativa do Universo, imaginaram que podiam transgredir as suas Leis: estes tais são vãos e presunçosos loucos; eles se quebram na rocha e são feitos em pedaços pelos elementos, por causa da sua loucura. O verdadeiro sábio, conhecendo a natureza do Universo, emprega a Lei contra as leis, o superior contra o inferior; e pela Arte da Alquimia transmuta aquilo que é desagradável naquilo que é agradável, e deste modo triunfa. O Domínio não consiste em sonhos anormais, em visões, em vida e imaginações fantásticas, mas sim no emprego das forças superiores contra as inferiores, escapando assim das penas dos planos inferiores pela vibração nos superiores. A Transmutação não é uma denegação presunçosa, é a arma ofensiva do Mestre." — O CAIBALION

Este é o Paradoxo do Universo, que resulta do Princípio de Polaridade que se manifesta quando o TODO começa a Criar. É necessário prestar atenção, porque isto estabelece a diferença entre a falsa e a verdadeira sabedoria.

Enquanto que para o TODO INFINITO, o Universo, as suas Leis, as suas Forças, a sua Vida e os seus Fenômenos, são como pensamentos presentes no estado de Meditação ou Sonho; para tudo o que é Finito, o Universo deve ser considerado como Real, e a vida, a ação e o pensamento devem ser baseados nele, de modo a concordar com um preceito da Verdade superior; cada qual concordando com o seu próprio Plano e suas Leis. Se o TODO imaginasse que o Universo era verdadeira Realidade, desgraçado do Universo porque ele não poderia subir do inferior ao superior que é a deificação; então o Universo ficaria fixo e o progresso seria impossível.

E se o Homem, devido à falsa sabedoria, considerar as ações, vidas e pensamentos do Universo, como um mero sonho (semelhante aos seus próprios sonhos finitos), então ele o faz tão conveniente para si, e, como um dormidor que está passeando, tropeça sempre num círculo vicioso, sem fazer progresso algum, sendo, por fim, despertado por uma queda terrível, proveniente das Leis Naturais que ele ignora. Conservai sempre a vossa mente nas Estrelas, mas deixai os vossos olhos verem os vossos passos para não cairdes na lama, por causa da vossa contemplação de cima. Lembrai-vos do Paradoxo Divino, que ao mesmo tempo que o Universo NÃO EXISTE, ELE EXISTE. Lembrai-vos sempre dos dois Pólos da Verdade: o Absoluto e o Relativo. Tomai cuidado com as Meias-Verdades.

Aquilo que os Hermetistas conhecem como a *Lei do Paradoxo* é um aspecto do Princípio de Polaridade. Os escritos herméticos estão cheios de referências ao aparecimento de Paradoxos na consideração dos problemas da Vida e da Existência. Os Instrutores previnem constantemente os seus discípulos contra o erro de omitir o *outro lado* de cada questão. E as suas admoestações se referem particularmente aos problemas do Absoluto e do Relativo, que deixam perplexos todos os estudantes de filosofia, e que causam muitas idéias e ações contrárias ao que é geralmente conhecido como *senso comum*. Nós prevenimos a todos os estudantes que fiquem certos de compreender o Paradoxo Divino do Absoluto e do Relativo, para não ficarem

49

atolados na lama da Meia-Verdade. É para este fim que foi escrita esta lição particular. Aprendei-a bem!

O primeiro pensamento que o homem pensador tem, depois que ele compreende bem a verdade que o Universo é uma Criação Mental do TODO, é que o Universo, e tudo o que ele contém, é mera ilusão, irrealidade; idéia contra a qual os seus instintos se revoltam. Contudo esta, como todas as outras grandes verdades, pode ser considerada sob os pontos de vista Absoluto e Relativo. Sob o ponto de vista Absoluto o Universo comparado com o TODO em si é de natureza duma ilusão, dum sonho, duma fantasmagoria. Sempre reconhecemo-lo em nossas vistas ordinárias, porque falamos do mundo como *um espetáculo transitório* que vai e vem, nasce e morre, por causa do elemento de impermanência e mudança, limitação e insubstancialidade; idéia esta que está em relação com a de um Universo criado, ao passo que contrasta com a idéia do TODO.

Filósofos, metafísicos, cientistas e teólogos, todos são concordes sobre este ponto, que é fundado em todas as formas de idéias filosóficas e religiosas, assim como nas teorias das respectivas escolas metafísicas e teológicas.

Assim, as doutrinas herméticas não ensinam a insubstancialidade do Universo com palavras mais altíssonas do que as que vos são familiares, mas, apesar disso, o seu modo de encarar o assunto parecerá uma coisa mais assustadora. Uma coisa que tem um princípio e um fim pode ser considerada, em certo sentido, como irreal e não verdadeira; e, conforme todas as escolas de pensamento, o Universo está sob esta lei. No ponto Absoluto de vista, nada há real a não ser o TODO, que não pode ser realmente explicado. Ou o Universo é criado da Matéria, ou é uma criação mental na Mente do TODO: ele é insubstancial, não--duradouro, uma coisa de tempo, espaço e mobilidade. É necessário compreenderdes cabalmente isto, antes de passardes a examinar as concepções herméticas sobre a natureza mental do

Universo. Examinai cada uma das outras concepções e vereis que elas não são verdadeiras.

Mas o ponto de vista Absoluto mostra um só lado do panorama; o outro lado é o Relativo. A Verdade Absoluta foi definida como sendo *as Coisas como a mente de Deus as conhece*, ao passo que a verdade Relativa são *as Coisas como a mais elevada razão do Homem as compreende*. Assim, ao passo que para o TODO o Universo é irreal e ilusório, um simples sonho ou resultado de meditação; para as mentes finitas que fazem parte deste mesmo Universo e o observam através das suas faculdades, ele é verdadeiramente real e assim deve ser considerado. Ao reconhecer o ponto de vista absoluto, não devemos cometer o erro de negar ou ignorar os fatos e fenômenos do Universo do modo como estes se apresentam às nossas faculdades: lembremo-nos que não somos o TODO.

Para dar um exemplo familiar, todos reconhecemos que a Matéria *existe* para os nossos sentidos, e estaríamos errados se o não reconhecêssemos. Mas, sempre a nossa mente finita compreende a afirmação científica que, falando cientificamente, não há nada mais que a Matéria; aquilo que chamamos Matéria é considerado como sendo simplesmente uma agregação de átomos, os quais são um grupo de unidades de forças chamadas elétrons ou *ions* [10], que estão em constante vibração e movimento circular. Batemos numa pedra e sentimos o baque; parece ser

---

(10) *Ion,* vocábulo grego: 'Ιον, a violeta. No sentido restrito esta palavra significa violeta. O seu verdadeiro significado é dado por Fabre d'Olivet. Diz este autor, na sua *Língua Hebraica restituída (Dicionário Radical)*:

"ןוי (ION). O ente passando da potência ao ato, *o ente manifestado*. É em sentido extenso a *faculdade geradora* da natureza, a *força plástica*: em sentido mais restrito é uma coisa indeterminada, mole, dócil, fácil, própria para receber todas as formas."

Tal é a matéria antes de formar os átomos e as moléculas. — (N. do T.)

uma coisa real, mas é simplesmente o que dissemos acima. Mas lembramo-nos que o nosso pé, que sente o baque, também é Matéria, e portanto é constituído de elétrons, porque esta matéria também é nosso cérebro. E, para melhor dizer, se não fosse por causa da nossa Mente, absolutamente não poderíamos reconhecer o pé ou a pedra.

Assim, o ideal do artista ou escultor, que ele tanto esforça para reproduzir na tela ou no mármore, parece verdadeiramente real para ele. Assim se produzem os caracteres na mente do autor ou dramaturgo, o qual procura expressá-los de modo que os outros os possam reconhecer. E se isto é verdade no caso da nossa mente finita, qual não será o grau de Realidade nas imagens Mentais criadas na Mente do Infinito? Ó amigos, para os mortais este Universo de Mentalidade é verdadeiramente real; é o único que sempre podemos conhecer, ainda que subamos de planos a planos cada vez mais elevados. Para conhecê-lo de outro modo, pela experiência atual, teríamos de ser o TODO mesmo. É verdade que quanto mais alto nos elevamos na escada — alcançamos as proximidades da *mente do Pai* — as coisas mais visíveis tomam a natureza ilusória das coisas finitas, mas antes que o TODO nos retire em si a visão atual não desaparece.

Assim, não devemos viver acima das formas da ilusão. Desde que reconhecemos a natureza real do Universo, procuremos compreender as suas leis mentais e nos esforcemos em empregá-las para obtermos melhor resultado no nosso progresso através da vida, ao caminharmos de um plano a outro plano de existência. As Leis do Universo não são as pequenas *Leis Férreas,* por causa da sua natureza mental. Tudo, exceto o TODO, é limitado por elas. Aquilo que está NA MENTE INFINITA DO TODO é REAL em grau relativo a esta mesma Realidade que é revestida na natureza do TODO.

Não fiquemos, pois, incertos e atemorizados: somos todos FIRMEMENTE CONTIDOS NA MENTE INFINITA DO TODO e nada nos pode prejudicar e nos intimidar. Não há força fora do TODO para agir sobre nós. Podemos, pois, ficar calmos e tranqüilos. Há um mundo de conforto e tranqüilidade nesta realização depois de atingida. Então *"calmos e tranqüilos repousaremos, embalados no Berço do Abismo"* [11]; ficando sem perigo no seio do Oceano da Mente Infinita, que é o TODO. No TODO, *moveremos, viveremos e teremos nossa existência.*

A Matéria não é para nós a Matéria inferior, enquanto vivemos no plano da Matéria, apesar de sabermos que é simplesmente uma agregação de *elétrons* ou parcículas de Força, que vibram rapidamente e giram umas ao redor das outras na formação de átomos; os átomos vibram e giram formando moléculas que, por sua vez, formam as grandes massas de Matéria. A Matéria não é para nós a Matéria inferior, quando prosseguimos nas investigações mais elevadas, e aprendemos dos Preceitos herméticos que a *Força,* da qual os elétrons são unidades, é simplesmente uma manifestação da mente do TODO, e assim no Universo tudo é simplesmente Mental em sua natureza. Enquanto no Plano da Matéria, podemos reconhecer os seus fenômenos, poderemos examiná-la (como o fazem todos os Mestres de graus mais ou menos elevados), mas fazemo-lo aplicando as forças superiores. Cometeremos uma loucura pretendendo negar a existência da Matéria no aspecto relativo. Podemos negar o seu domínio sobre nós, devemos fazer, mas não devemos ignorar que ela existe em seus aspectos relativos, ao menos enquanto no seu plano.

As Leis da Natureza não são menos constantes ou efetivas, como sabemo-lo, apesar de serem simplesmente criações mentais. Elas estão em muitos efeitos dos diversos planos.

Dominamos as leis inferiores aplicando-lhes as que lhes são superiores; e somente por este modo. Mas não podemos escapar

---

(11) *Abismo,* latino *abysmus,* do grego ''Αβυσσοζ, de ὰ negativo e βύσσοζ, fundo, isto é, *sem-fundo*). Esta palavra era empregada pelos gnósticos para representar Aquele que não tem Espaço nem Tempo, a Imensidade d'O TODO. — (N. do T.)

da Lei e ficar inteiramente fora dela. Nada senão o TODO pode escapar da Lei; e isto é porque o TODO é a própria LEI, de que todas as Leis procedem. Os mais adiantados Mestres podem adquirir os poderes usualmente atribuídos aos deuses do homem; e há inúmeras ordens de entes, na grande hierarquia da vida, cujas existências e poderes excedem mesmo os dos mais elevados Mestres entre os homens a um grau imaginário para os mortais; contudo, o mais elevado dos Mestres e o Ente mais elevado devem curvar-se à Lei e ser como Nada diante do TODO. De modo que se mesmo estes Entes, cujos poderes excedem os atribuídos pelos homens aos seus deuses, estão subordinados à Lei, imaginai qual não será a presunção do homem mortal da nossa raça e do nosso grau, quando ousa considerar as Leis da Natureza como *irreais,* visionárias e ilusórias, porque chegou a compreender a verdade que as Leis são de natureza mental e simples Criações Mentais do TODO. Estas Leis, que o TODO destinou para governar as leis, não podem ser desafiadas nem argüidas. Enquanto durar o Universo, elas durarão, porque o Universo só existe pela virtude destas Leis, que formam o seu vigamento e que ao mesmo tempo o mantém.

O Princípio hermético de Mentalismo, explicando a verdadeira natureza do Universo por meio do princípio que tudo é Mental, não muda as concepções científicas do Universo, da Vida ou da Evolução. Com efeito, a ciência simplesmente corrobora os Ensinamentos herméticos. Estes últimos ensinam que a natureza do Universo é *Mental,* ao passo que a ciência moderna disse que ele é *Material*; ou (ultimamente) que ele é Energia, em última análise. Os Preceitos herméticos não caem no erro de combater os princípios básicos de Herbert Spencer que afirmam a existência de uma "Energia Infinita e Eterna da qual todas as coisas procedem". Com efeito, os Hermetistas reconhecem na filosofia de Spencer a mais elevada exposição das operações das Leis naturais que foram promulgadas até agora, e eles crêem que Spencer foi uma reencarnação de um antigo filósofo que viveu no Egito, milhares de anos antes e que por último se tinha encarnado como Heráclito, filosofo grego que viveu em 500 antes de Cristo. E eles consideram esta idéia da "Energia Infinita e Eterna" como partindo diretamente da linha dos Preceitos herméticos, sempre com o acréscimo da sua própria doutrina que esta *Energia* (de Spencer) é a Energia da Mente do TODO. Com a Chave-Mestra da Filosofia hermética, o estudante poderá abrir várias portas das mais elevadas concepções filosóficas do grande filósofo inglês, cuja obra manifesta os resultados da preparação das suas encarnações precedentes. A sua doutrina a respeito da Evolução e do Ritmo está na mais perfeita concordância com os Preceitos herméticos sobre o Princípio do Ritmo.

Assim, o estudante do Hermetismo não deve desprezar quaisquer destes pontos de vista científicos a respeito do Universo. Todos devem ser interrogados para se concluir e compreender o princípio oculto que *"O TODO é Mente; o Universo é Mental e criado na Mente d'O TODO"*. Eles crêem que os outros seis dos Sete Princípios se *adaptarão* a esta doutrina científica e servirão para esclarecê-la. Não há que admirar, ao encontrarmos a influência do pensamento hermetista nos primitivos filósofos da Grécia, em cujas idéias fundamentais se baseiam em grande parte as teorias da ciência moderna. A aceitação do Primeiro Princípio hermético (o de Mentalismo) é o único grande ponto de diferença entre a ciência moderna e os estudantes hermetistas, mas a Ciência se dirige gradualmente para o lado dos hermetistas nas suas apalpadelas no meio da escuridão para encontrar um caminho de saída do Labirinto em que vaga nas suas pesquisas pela Realidade.

O fim desta lição é gravar na mente dos nossos estudantes a verdade que, para todos os intentos e propósitos, o Universo e suas leis, seus fenômenos, são justamente REAIS, que mesmo o Homem está incluído nelas, de modo que poderiam estar sob a hipótese de Materialismo ou Energismo. Sob qualquer hipótese o Universo no seu aspecto exterior é mutável e transitório; e por isso sem substancialidade e realidade. Mas (notai o outro pólo da verdade), sob qualquer das mesmas hipóteses, somos compelidos a AGIR E VIVER como se as coisas transitórias fossem reais e substanciais. Há sempre esta diferença entre as diversas hipóteses, que sob os velhos pontos de vista o Poder Mental era ignorado como Força Natural, ao passo que sob o Mentalismo ele se torna uma grande Força Natural. Esta diferença revoluciona a Vida daqueles que compreendem este Princípio, as leis que dele resultam e as suas práticas.

De modo que todos os estudantes devem compreender as vantagens do mentalismo e aprender a conhecer, usar e aplicar as leis que dele resultam. Mas não devem cair na tentação que, como diz o *Caibalion,* domina os falsos sábios e os deixa hipnotizados pela aparente irrealidade das coisas, tendo como conseqüência eles andarem para trás como desvairados, vivendo num mundo de sonhos, ignorando o trabalho e a vida do homem, sendo o seu fim *"quebrarem-se contra as rochas e se despedaçarem pelos elementos, por causa da sua loucura".* Em primeiro lugar vem o exemplo do sábio, que a mesma autoridade estabelece do modo seguinte: *"ele emprega a Lei contra as Leis, o superior contra o inferior e pela Arte da Alquimia transmuta o que é desagradável no que é agradável e deste modo triunfa."* Seguindo a autoridade, combatamos também a falsa sabedoria (que é uma loucura), que ignora a verdade: *"O Domínio não consiste em visões e sonhos anormais, em vida e imaginações fantásticas, mas sim no emprego das forças superiores contra as inferiores, escapando assim das penas dos planos inferiores pela vibração nos superiores."* Lembrai-vos, sempre, estudantes, que *"a Transmutação não é uma presunçosa denegação, mas sim a arma ofensiva do Mestre".* As citações acima são do *Caibalion* e são dignas de serem conservadas na memória do estudante.

Nós não vivemos num mundo de sonhos, mas sim num Universo que, enquanto relativo, é real tanto quanto as nossas vidas e ações são interessadas. A nossa ocupação no Universo não é negar a sua existência, mas sim viver, empregando as Leis para nos elevarmos do inferior ao superior, fazendo o melhor que podemos sob as circunstâncias que aparecem cada dia, e vivendo, tanto quanto é possível, para as nossas idéias elevadas e os nossos ideais. O verdadeiro fim da Vida não é conhecido pelo homem neste plano; as maiores autoridades e a nossa própria intuição dizem-nos que não cometeríamos erro vivendo do modo melhor que pudermos, e segundo a tendência Universal no mesmo ponto, apesar das aparentes evidências em contrário. Todos estamos no Caminho, e a estrada conduz sempre para cima, deixando muitos lugares atrás.

Lede a mensagem do *Caibalion,* e segui o exemplo do *sábio,* fugindo do erro do *falso sábio* que perece por causa da sua loucura.

CAPÍTULO VII

O TODO EM TUDO

> *"Enquanto Tudo está n'O TODO,
> é também verdade que O TODO está
> em Tudo. Aquele que compreende
> realmente esta verdade alcançou o
> grande conhecimento."* — O CAIBA-
> LION

Quantas vezes a maioria das pessoas ouviram repetir a declaração que a sua Divindade (chamada por muitos nomes) era *"Todo em Tudo"*, e quão pouco suspeitaram elas da verdade oculta, encoberta por estas palavras tão descuidadamente pronunciadas? A expressão comumente usada é uma sobrevivência da antiga máxima hermética acima citada. Como diz o *Caibalion*: *"Aquele que compreende realmente esta verdade alcançou o grande conhecimento."* E, sendo assim, permiti-nos examinar esta verdade, cujo conhecimento tanto significa. Nesta exposição da verdade — esta máxima hermética — está encoberta uma das maiores verdades filosóficas, científicas e religiosas.

Nós vos explicamos o Preceito hermético a respeito da Natureza mental do Universo: a verdade que *"o Universo é Mental; ele está dentro da Mente d'O TODO"*. Diz o Caibalion na passagem citada acima: *"Tudo está n'O TODO."* Mas note-se também a declaração correlativa, que: *"É também verdade que o TODO está em TUDO."* Esta declaração aparentemente contraditória é reconciliável pela Lei do Paradoxo. É, aliás, uma exata declaração hermética das relações que existem entre o TODO e o seu Universo mental. Vimos que *"Tudo está n'O TODO"*, vejamos agora o outro aspecto do assunto.

Os Ensinos herméticos são, com efeito, que o TODO está iminente (permanece, está inerente, habita) no seu Universo, e em cada partícula, unidade ou combinação, dentro do Universo. Esta expressão é geralmente ilustrada pelos Instrutores com uma referência ao Princípio de Correspondência. O Instrutor ensina o discípulo a formar uma Imagem mental de uma coisa, uma pessoa ou uma idéia, porque todas as coisas têm uma forma mental; dando como exemplo o ator dramático que forma uma idéia dos seus caracteres, ou um pintor ou escultor que forma uma imagem de um ideal que ele procura exprimir pela sua arte. Neste caso, o estudante deve compreender que, enquanto a imagem tem a sua existência e ser somente em sua própria mente, ao mesmo tempo ele, o estudante, autor, dramaturgo, pintor ou escultor, está em certo sentido imanente, e permanece, habita, na imagem mental. Em outras palavras, toda a virtude, vida, espírito e realidade da imagem mental é derivada da *mente imanente* do pensador. Considerai isto por um momento e logo compreendereis a idéia.

Para tomarmos um exemplo moderno, diremos que Otelo, Iago, Hamlet, Lear, Ricardo III, existiram somente na mente de Shakespeare, no tempo da sua concepção ou criação. E ainda, Shakespeare também existiu em cada um destes caracteres, dando-lhes a sua vitalidade, espírito e ação. Qual é o *"espírito"* dos caracteres que conhecemos como Micawber, Oliver Twist, Uriah Heep; será Dickens, ou cada um destes caracteres terá um espírito pessoal, independente do seu criador? Têm a Vênus de Medici, a Madona Sixtina, o Apolo de Belvedere, espírito e realidade de si próprios, ou representam eles o poder espiritual e mental dos seus criadores? A Lei de Paradoxo demonstra que as duas proposições são verdadeiras, consideradas no seu próprio ponto de vista. Micawber é Micawber e é também Dickens. E, demais, enquanto que Micawber pode ser dito Dickens, o mesmo Dickens não é idêntico a Micawber. O homem, como Micawber, pode exclamar: "O Espírito do meu Criador está inerente em mim e, apesar disso, eu não sou ELE!" Quão diferente é esta da horrível meia-verdade tão estrondosamente anunciada por alguns dos falsos sábios, que enchem a atmosfera dos seus gritos: *"Eu sou Deus!"* Imaginai o pobre diabo de Micawber ou de Uriah Heep, gritando: *"Eu sou Dickens";* ou algum dos humildes bobos das peças de Shekespeare, anunciando com grandiloqüência: *"Eu sou Shakespeare!"* O TODO está até na minhoca, contudo, a minhoca está longe de ser o TODO. E até, é de admirar que, conquanto a minhoca só exista como uma coisa humilde, criada e téndo a sua existência na Mente do TODO, ele, o TODO, esteja imanente na minhoca e nas partículas que a formam. Haverá talvez um mistério maior que o de *Tudo n'O TODO, e O TODO em Tudo?*

O estudante perceberá no correr da obra que os exemplos dados acima são necessariamente imperfeitos e inadequados, porque representam a criação de imagens mentais na mente finita, ao passo que o Universo é criação da Mente Infinita e a diferença entre os dois pólos as separa. E assim é simplesmente uma questão de grau, porque em ambas o mesmo Princípio está em operação: o Princípio de Correspondência manifesta-se nelas. *"O que está em cima é como o que está embaixo; e o que está embaixo é como o que está em cima.,"*

E, no grau em que o Homem realize a existência do Espírito que está imanente no seu ser, ele subirá na escada espiritual da vida. Eis o que significa desenvolvimento espiritual: o reconhecimento, a realização e manifestação do Espírito dentro de nós. Procurai não esquecer-vos desta última definição: a do desenvolvimento. Ela contém a Verdade da verdadeira Religião.

Existem muitos planos de Existência, muitos subplanos de Vida, muitos graus de existência no Universo. E tudo depende do avançamento dos entes na escada, cuja ponta mais inferior é a mais grosseira matéria, e a mais superior sendo separada somente pela mais pequena divisão do ESPÍRITO DO TODO. Nesta Escada da Vida, tudo se move em cima e embaixo. Todos estão no caminho, cujo fim é o TODO. Todo o progresso é uma volta à Morada própria. Tudo está em cima e embaixo, apesar de todas as aparências contraditórias. Tal é a mensagem do Iluminado.

Os Preceitos herméticos referentes ao processo da Criação Mental do Universo são que, no começo do Ciclo de Criação, o TODO, em seu aspecto de *Existência* projeta a sua Vontade sobre o seu aspecto de *Estado,* e o processo de criação começa. Dizem que o processo consiste no abaixamento da Vibração até que é alcançado um grau bem inferior de energia vibratória, no qual ponto é manifestada a forma mais grosseira possível da Matéria. Este processo é chamado o estado de Involução, em que o TODO está *involuído,* ou *envolvido* dentro da sua criação. Este processo é considerado pelos hermetistas como tendo correspondência com o processo mental de um artista, escritor ou inventor, que também fica envolvido na sua criação mental como quase esquecendo a sua própria existência e que, por algum tempo, quase *vive na sua criação.* Se em vez de *envolvido* usarmos a palavra *êxtase,* talvez possamos dar uma pequena idéia do que queremos dizer.

Este estado Involutivo da Criação é muitas vezes chamado a *Efusão* da Energia Divina, como o estado Evolutivo é chamado *Infusão.* O pólo extremo do processo de Criação é considerado como sendo o mais afastado movido pelo TODO, enquanto que o princípio do estado Evolutivo é considerado como o princípio da volta do pêndulo do Ritmo; sendo expressa em todos os Ensinos herméticos uma idéia de *volta à casa.*

Os Preceitos são que durante a *Efusão,* as vibrações tornam-se cada vez mais inferiores até que finalmente a restringência cessa, e as vibrações de volta começam. Mas há uma diferença: ao passo que na *Efusão* as forças criadoras manifestam-se compactamente e como um todo, no começo do estado Evolutivo ou de *Infusão,* é manifestada a Lei de Individualização, que é a tendência a separar em Unidades de Força, até que finalmente aquilo que se separou do TODO como energia não individualizada volte à sua fonte como Unidade de Força altamente desenvolvida, tendo subido de mais a mais na escada por meio da Evolução Física, Mental e Espiritual.

Os antigos hermetistas usam a palavra *Meditação,* ao descrever o processo da criação mental do Universo na Mente do TODO, a palavra *contemplação* sendo também freqüentemente empregada. Mas a idéia entendida parece ser a do emprego da Atenção Divina. *Atenção* é uma palavra derivada de um verbo latino, que significa *estender-se, desdobrar-se,* e também o ato de Atenção é realmente um *desdobramento* mental, uma *extensão* da energia mental, de modo que a idéia interior é facilmente compreendida quando examinamos o significado real da *Atenção.*

Os Ensinos herméticos a respeito do processo de Evolução são os que o TODO, tendo meditado no princípio da Criação, tendo estabelecido então os fundamentos materiais do Universo, tendo pensado na sua existência, gradualmente desperta da sua Meditação e assim começa a manifestar o processo de Evolução, nos planos material, mental e espiritual, sucessivamente e em ordem. Então o movimento de ascensão começa, e tudo começa a mover-se para a mansão espiritual. A Matéria torna-se menos grosseira; as Unidades nascem à existência; as combinações começam a formar-se; a Vida aparece e manifesta-se em formas cada vez mais elevadas; e a Mente torna-se cada vez mais evidente, as vibrações sendo constantemente mais elevadas. Em resumo, o processo total da Evolução, em todas as suas fases, começa e procede de acordo com as Leis estabelecidas do processo de *Infusão*. Todas ocupam *eons* e *eons* do tempo do Homem, cada *eon* contendo muitos milhões de anos; porém, como nos diz o Iluminado, a criação inteira, incluindo a Involução e a Evolução de um Universo, é para o TODO simplesmente como *um piscar de olhos*. No fim dos inúmeros ciclos de *eons* de tempo, o TODO retira a sua Atenção, sua Contemplação e Meditação do Universo, porque a Grande Obra está acabada e Tudo está retirado no TODO de que provém. Mas, ó Mistério dos Mistérios!, o Espírito de cada alma não é aniquilado, mas sim expandido infinitamente, a Criatura e o Criador são confundidos. Tal é a relação do Iluminado!

A precedente ilustração da *meditação* e do subseqüente *despertamento da meditação* do TODO é mais um esforço dos Instrutores para descrever o processo Infinito por um exemplo finito. E, ainda: *O que está em cima é como o que está embaixo, e o que está embaixo é como o que está em cima*. A diferença é somente em grau. E assim como o TODO desperta-se da meditação sobre o Universo, assim o Homem (no tempo) cessa de manifestar no Plano Material, e retira-se cada vez mais no Espírito presente, que é realmente *O Ego Divino*.

Há um assunto maior de que desejamos falar-vos nesta lição, e que nos levaria imediatamente a uma invasão do campo da especulação metafísica; contudo, o nosso fim é simplesmente mostrar a futilidade de tais especulações. Aludimos à questão que inevitavelmente vem à mente de todos os pensadores que se aventuraram a investigar a Verdade. A pergunta é: POR QUE criou o TODO os Universos? A pergunta pode ser feita de diferentes formas, mas a que vai acima é o essencial da investigação.

Os homens esforçaram-se para responder a esta pergunta, mas ainda não há resposta digna de nome. Muitos imaginaram que o TODO tem muito a ganhar com isto, mas isto é absurdo; porque, que poderia ganhar o TODO que já não possua? Outros

63

deram a resposta na idéia que o TODO *quis que tudo amasse,* e outros que ele criou por prazer e divertimento, ou porque *estava só,* ou para manifestar o seu poder: todas respostas e idéias pueris, qualidades do período infantil do pensamento. Outros acreditaram descobrir o mistério afirmando que o TODO achou-se *impelido* a criar, pela razão da sua própria *natureza interna,* o seu *instinto criador.* Esta idéia é mais adiantada que as outras, mas o seu ponto fraco está na idéia de que o TODO é *impelido* por alguma coisa, quer interna, quer externa. Se a sua *natureza interna,* ou *instinto criador,* impele-o a fazer as coisas, então a *natureza interna* ou o *instinto criador* seria o Absoluto, em vez do TODO, e neste caso esta parte da proposição está errada. E, ainda, o TODO cria e manifesta, e parece ter muitas qualidades de satisfações em fazê-lo. E é difícil de escapar da conclusão que, em grau infinito, ele poderia ter o que corresponde no homem a uma *natureza inata,* ou um *instinto criador,* correspondente a um infinito Desejo e Vontade. Não poderia agir sem Querer agir; e não poderia Querer agir sem Desejar agir; e não Desejaria agir sem Satisfação nisso. E todas estas coisas pertenceriam a uma *Natureza Infinita,* e podem ser consideradas como estando de acordo com a Lei de Correspondência. Mas, ainda, preferimos considerar o TODO como agindo inteiramente LIVRE de toda influência, tanto interna como externa. Isto é o problema que se apóia na raiz da dificuldade, e a dificuldade que se apóia na raiz do problema.

Falando estritamente, não se poderá dizer que haja uma *Razão* para o TODO agir, porque uma *razão* implica uma *causa,* e o TODO está acima da Causa e do Efeito, exceto quando ele quer tornar-se causa, tempo em que o Princípio é posto em movimento. Assim, dizeis, o assunto é Incompreensível, justamente como o TODO é incognoscível. Justamente como dizemos simplesmente que o TODO "É", assim também somos obrigados a dizer que o TODO AGE PORQUE AGE. Enfim, o TODO é toda Razão em si mesma, toda Lei em si mesma, toda Ação em si

64

mesma; e pode-se dizer que, em verdade, o TODO é a sua própria Razão, a sua própria Lei, a sua própria Ação; ou que o TODO, a sua Razão, a sua Ação, a sua Lei, são UM, com todos estes nomes sendo de uma só coisa. Na opinião dos que vos dão estas lições, a resposta se encerra no PRÓPRIO ÍNTIMO DO TODO, junto com o seu Segredo de Existência.

A Lei de Correspondência, na nossa opinião, compreende somente este aspecto do TODO, que pode ser chamado *o aspecto de ESTADO*.

O lado oposto deste aspecto é *o aspecto de EXISTÊNCIA,* no qual todas as Leis perdem-se na LEI, todos os Princípios imergem no PRINCÍPIO; e o TODO, o PRINCÍPIO, a EXISTÊNCIA, são IDÊNTICOS ENTRE SI (uns aos outros). Por isso, as especulações metafísicas sobre este ponto são fúteis. Entramos aqui no assunto, simplesmente para mostrar que conhecemos a pergunta e também o absurdo das respostas ordinárias das metafísicas e teologias.

Em conclusão, poderá ser de interesse aos estudantes dizer-lhes que apesar de muitos dos antigos e modernos Preceitos herméticos tenderem a aplicar o Princípio de Correspondência à questão, com o que resulta a conclusão da *Natureza Íntima,* mesmo assim as lendas contam que Hermes, o Grande, sendo interrogado sobre esta questão pelos seus adiantados discípulos, respondeu-lhes FECHANDO OS SEUS LÁBIOS COM FIRMEZA e não dizendo uma palavra, indicando que NÃO HAVIA RESPOSTA. Mas, então, ele podia ter entendido de aplicar o axioma da sua filosofia, que diz: *"Os lábios da Sabedoria estão fechados, exceto aos ouvidos do Entendimento",* significando que ainda os seus discípulos adiantados não possuíam o Entendimento que os habilitava ao Preceito. Seja como for, se Hermes possuía o Segredo, ele deixou de o comunicar, e embora o mundo tome muito interesse, OS LÁBIOS DE HERMES ESTÃO FECHADOS a este respeito. E quando o Grande Hermes hesitou em falar, qual mortal poderá atrever-se a ensinar?

65

Porém, deveis lembrar que ainda que seja aquela a resposta deste problema, se porventura há uma resposta, permanece a verdade que: *"Enquanto Tudo está n'O TODO, é também verdade que O TODO está em Tudo."* O Preceito é enfático. E podemos acrescentar-lhe as palavras conclusivas de citação: *"Aquele que compreende realmente esta verdade alcançou o grande conhecimento."*

CAPÍTULO VIII

OS PLANOS DE CORRESPONDÊNCIA

"O que está em cima é como o que está embaixo, e o que está embaixo é como o que está em cima."

O Segundo Grande Princípio hermético explica a verdade que há uma harmonia, uma correlação e correspondência entre os diferentes planos de Manifestação, Vida e Existência. Esta afirmação é uma verdade porque tudo o que está incluído no Universo emana da mesma fonte, e as mesmas leis, princípios e característicos se aplicam a cada unidade, ou combinação de unidades de atividade, assim como cada uma manifesta seus fenômenos no seu próprio plano.

Para um fim de conveniência do pensamento e do estudo, a Filosofia hermética considera que o Universo pode ser dividido em três grandes classes de fenômenos, conhecidas como os Três Grandes Planos denominados:

I. O Grande Plano Físico.
II. O Grande Plano Mental.
III. O Grande Plano Espiritual.

Estas divisões são mais ou menos artificiais e arbitrárias, porque a verdade é que todas as três divisões não são senão

67

graus ascendentes da grande escada da Vida, o ponto mais baixo da qual é a Matéria não diferenciada, e o ponto mais elevado o Espírito. E, aliás, os diversos Planos penetram uns nos outros, assim esta não sólida e exata divisão pode ser colocada entre os mais elevados fenômenos do Plano Físico e o mais inferior do Plano Mental; ou entre os mais elevados do mental e os mais baixos do Físico.

Enfim, os Três Grandes Planos podem ser considerados como três grandes grupos de graus de Manifestação vital. Apesar do fim deste pequeno livro não nos permitir entrarmos em extensa discussão ou explicação do objeto destes diferentes planos, contudo, pensamos ser bom dar aqui uma descrição geral dos mesmos.

A princípio devemos considerar bem a pergunta tantas vezes feita pelo neófito, que deseja ser informado a respeito do significado da palavra *"Plano"*, termo que tem sido muito usado e pouco explicado em muitas obras de ocultismo. A pergunta é geralmente expressa assim: *"É um Plano um lugar tendo dimensões, ou é simplesmente uma condição ou estado?"* Respondemos: "Não; não é um lugar, nem uma dimensão ordinária do espaço; é ainda mais que um estado ou uma condição, e, apesar disso, o estado ou a condição é um grau de dimensão, em escala sujeita à medida." Um tanto paradoxal, não é verdade? Porém examinemos a matéria. Uma *"dimensão"*, vós o sabeis, é *"uma medição em linha reta, em relação à medida"*, *etc.* As dimensões ordinárias do espaço são comprimento, largura e altura, ou talvez comprimento, largura, altura, espessura ou circunferência. Há uma outra dimensão das *coisas criadas*, ou *medida em linha reta,* conhecida pelos ocultistas, como também por cientistas, apesar destes últimos não a chamarem com o termo *"dimensão";* e esta nova dimensão, que futuramente será a mais investigada como *Quarta Dimensão,* é a marca usada na determinação dos graus ou *planos.*

Esta Quarta Dimensão pode ser chamada a *Dimensão da Vibração*. Este é um fato bem conhecido para a moderna ciência, como para os hermetistas, que estabeleceram a verdade no seu *Terceiro Princípio hermético, que "tudo se move, tudo vibra, nada está parado"*. Desde as manifestações mais elevadas até às mais baixas, todas as coisas vibram. Não somente elas vibram em diferentes coeficientes de movimento, mas também em diversas direções e de diferentes maneiras. Os graus de *coeficiente* das vibrações constituem os graus de medição na Escala de Vibrações, ou em outras palavras, os graus da Quarta Dimensão. E estes graus formam o que os ocultistas chamam *"Planos"*. O mais elevado grau de vibração constitui o plano mais elevado e a mais elevada manifestação da Vida que ocupa este plano. Assim, apesar de um plano não ser um *lugar,* nem ainda *um estado* ou *uma condição,* ele possui as qualidades de ambos. Desejaríamos dizer mais sobre o assunto da escala das Vibrações nas nossas próximas lições, em que consideraremos o Princípio hermético de Vibração.

Deveis lembrar-vos agora que os Três Grandes Planos não são as divisões atuais dos fenômenos do Universo, mas simplesmente termos arbitrários empregados pelos hermetistas para facilitar o pensamento e o estudo dos vários graus e formas da atividade e da vida universal. O átomo de matéria, a unidade de força, a mente do homem e a existência do arcanjo são graus de uma escala, e fundamentalmente a mesma coisa, a diferença sendo simplesmente uma questão de grau e coeficiente de vibração; todas são criações do TODO, e só têm sua existência na Infinita Mente do TODO.

Os hermetistas subdividem cada um destes Três Grandes Planos em Sete Planos menores, e cada um destes são também subdivididos em sete subplanos, todas as divisões sendo mais ou menos arbitrárias, penetrando umas nas outras, e adotadas somente para conveniência do estudo científico e para a idéia.

O Grande Plano Físico, com seus Sete Planos menores, é a divisão dos fenômenos do Universo que inclui todos os que são relativos às coisas, forças e manifestações físicas ou mentais. Inclui todas as formas do que chamamos Matéria e todas as formas do que chamamos Energia ou Força. Deveis saber, porém, que a Filosofia hermética não reconhece a Matéria como uma *"coisa em si"*, ou como tendo uma existência separada constante na mente do TODO. Os Ensinamentos são que a Matéria é antes uma forma da Energia; ela é a Energia num coeficiente inferior de vibrações de certa espécie. E de acordo com isto os hermetistas classificam a Matéria como a extremidade inferior da Energia, e dão-lhe três dos Sete Planos Menores do Grande Plano Físico.

Estes Sete Menores Planos Físicos são os seguintes:

I. O Plano da Matéria (A)
II. O Plano da Matéria (B)
III. O Plano da Matéria (C)
IV. O Plano da Substância Etérea
V. O Plano da Energia (A)
VI. O Plano da Energia (B)
VII. O Plano da Energia (C)

O Plano da Matéria (A) compreende as formas da Matéria em suas formas de sólidos, líquidos e gasosos como geralmente reconhecem os livros dos físicos. O Plano da Matéria (B) compreende certas formas mais elevadas e mais sutis da Matéria, cuja existência a ciência moderna está reconhecendo agora, os fenômenos da Matéria Radiante, nas suas fases de radium, etc., que contém a subdivisão inferior deste Plano Menor. O Plano da Matéria (C) compreende as formas da matéria mais sutil e tênue, cuja existência não é suspeitada pelos cientistas ordinários. O Plano da Substância Etérea compreende o que a ciência chama *"O Éter"*, uma substância de extrema tenuidade e elasticidade, que penetra todo o Espaço do Universo, e age como mediador para a transmissão de ondas de energia, como a luz, o calor, a eletricidade, etc. Esta substância Etérea forma. um elo de relação entre a Matéria (assim chamada) e a Energia e participa da natureza de ambas. Os Preceitos herméticos, contudo, ensinam que este plano tem sete subdivisões (como têm todos os Planos Menores), e que com efeito existem sete *éteres,* em vez de um só.

Imediatamente acima do Plano da Substância Etérea está o Plano da Energia (A), que compreende as formas ordinárias da Energia conhecida pela ciência, sendo, respectivamente, estes sete subplanos, o Calor, a Luz, o Magnetismo, a Eletricidade e a Atração incluindo a Gravitação, a Coesão, a Afinidade Química, etc. e várias outras formas de energia indicada pelas experiências científicas mas ainda não classificadas. O Plano da Energia (B) compreende sete subplanos de formas elevadas da energia ainda não descoberta pela ciência, mas que têm sido apelidadas *"As Forças Mais Sutis da Natureza"* e que são consideradas em ação nas manifestações de certas formas de fenômenos mentais e pelas quais tais fenômenos são possíveis. O Plano da Energia (C) compreende sete subplanos de energia tão elevadamente organizados, que eles contêm muitos característicos da *vida,* mas que não é reconhecido pela mente dos homens no plano ordinário de desenvolvimento, sendo útil só ao uso dos entes do Plano Espiritual; tal energia nem é sonhada pelo homem ordinário, e pode ser considerada quase como *a força divina.* Os entes que a empregam são como *deuses* comparados com os mais elevados tipos humanos conhecidos por nós.

O Grande Plano Mental compreende as formas de *pensamentos viventes* conhecidas por nós na vida ordinária, bem como certas outras formas só bem conhecidas dos ocultistas. A classificação dos Sete Menores Planos Mentais é mais ou menos satisfatória e arbitrária (se não for acompanhada por esmeradas explicações que estão fora do fim desta obra particular); contudo vamos mencioná-los. Eles são os seguintes:

I. O Plano da Mente Mineral
II. O Plano da Mente Elemental (A)
III. O Plano da Mente Vegetal
IV. O Plano da Mente Elemental (B)
V. O Plano da Mente Animal
VI. O Plano da Mente Elemental (C)
VII. O Plano da Mente Hominal.

O Plano da Mente Mineral compreende os *estados* ou as *condições* das unidades, entidades, ou grupos e combinações das mesmas, que animam as formas conhecidas por nós como *minerais, químicas,* etc. Estas entidades não podem ser confundidas com as moléculas, os átomos e os corpúsculos, que são simplesmente os corpos ou as formas materiais destas entidades, assim como o corpo de um homem é a sua forma material e não *ele mesmo.* Estas entidades podem ser chamadas *espíritos* em certo sentido, e seres viventes de um grau inferior de desenvolvimento, vida e mente, exatamente um pouco maior que as unidades da *energia vivente* que compreendem as mais elevadas subdivisões do mais elevado Plano Físico. A mente média não quer geralmente atribuir a possessão da mente, espírito ou vida ao reino Mineral, mas todos os ocultistas reconhecem a existência dela e a ciência moderna move-se rapidamente para o ponto de vista do Hermetismo, a respeito deste assunto. As moléculas, os átomos e os corpúsculos têm seus *amores e ódios, suas semelhanças e dessemelhanças, atrações e repulsões, afinidades e desafinidades,* etc., e muitas das mais intrépidas mentes da ciência moderna expressaram a opinião que o desejo e a vontade, as emoções e sentimentos, dos átomos simplesmente diferem em grau dos que os homens têm. Não temos espaço para argumentar sobre este assunto. Todos os ocultistas conhecem isto, e outros se referiram às diversas obras científicas mais recentes para corroboração exterior. Estas são as sete subdivisões usuais deste plano.

O Plano da Mente Elemental (A) compreende o estado ou a condição, e grau de desenvolvimento mental e vital de uma classe de entidade desconhecidas ao homem médio, mas reconhecidas pelos ocultistas. Elas são invisíveis aos sentidos ordinários do homem, mas não obstante existem e têm a sua parte do Drama do Universo. O seu grau de inteligência está entre o das entidades minerais e químicas, de um lado, e das entidades do reino vegetal do outro. Também neste plano há sete subdivisões.

O Plano da Mente Vegetal, em suas sete subdivisões, compreende os estados ou as condições das entidades contidas nos reinos do Mundo Vegetal, os fenômenos vitais e mentais que as pessoas de inteligência média justamente bem compreendem, tendo sido publicadas na última década muitas obras novas e interessantes sobre a *"Mente e a Vida nas Plantas"*. As Plantas têm vida, mente e *espírito,* tão bem como os animais, o homem e o super-homem.

O Plano da Mente Elemental (B), nas suas sete subdivisões, compreende os estados e as condições de uma forma mais elevada das entidades *elementais* ou invisíveis, tendo a sua parte na obra geral do Universo, cuja mente e vida forma uma parte da escada entre o Plano da Mente Vegetal e o Plano da Mente Animal, as entidades participando da natureza de ambos.

O Plano da Mente Animal, nas suas sete subdivisões, compreende os estados e as condições de entidades, entes ou espíritos que animam as formas animais da vida, familiares a nós todos. Não é necessário entrar em detalhes a respeito deste reino ou plano de vida, porque o mundo animal nos é tão familiar como o nosso próprio.

O Plano da Mente Elemental (C), nas suas sete subdivisões, compreende as entidades ou entes invisíveis, como são todas as formas elementais, que participam da natureza da vida animal e da humana em certo grau e certas combinações. As formas mais elevadas são meio-humanas em inteligência.

O Plano da Mente Humana, nas suas sete subdivisões, compreende as manifestações da vida e da mentalidade que são comuns ao Homem, nos seus vários graus e divisões. Nesta relação sabemos que o homem médio atual ocupa a quarta subdivisão do Plano da Mente Humana, e somente o mais inteligente cruzou as fronteiras da Quinta Subdivisão. A raça gastou milhões de anos para alcançar esta posição, e serão necessários muitos mais anos para que ela passe a sexta e a sétima subdivisões e vá além delas. Mas, lembrai-vos que existiram raças antes de nós que passaram por esses degraus e nos planos mais elevados. A nossa própria raça é a quinta (com restos da quarta) que pôs os pés no Caminho. Contudo, há alguns espíritos avançados da nossa própria raça que ultrapassaram as massas, e que passaram a sexta e a sétima subdivisões, e muito poucos entes estão acima deles. O homem da Sexta Subdivisão será o *"Super-Homem"*; e o da Sétima *"O Homem de Cima"*.

Na nossa consideração dos Sete Planos Mentais Menores, nós nos referimos aos Três Planos Elementais em sentido geral. Não queremos entrar em detalhes sobre este assunto, porque esta obra limita-se a tratar da filosofia e dos preceitos em geral. Mas podemos dizer-vos mais, com o fim de dar-vos uma pequena idéia mais clara das relações destes planos aos mais familiares deles: os Planos Elementais têm a mesma relação com os planos da Mentalidade e da Vida Mineral, Vegetal, Animal e Hominal, como as claves pretas do piano têm para com as claves brancas. As claves brancas são suficientes para produzir a música, mas há certas escalas, melodias e harmonias em que as claves pretas têm a sua parte, e em que a sua presença é necessária. São necessários também como *elos de união* da condição do espírito; são entidades-estados, entre os outros diversos planos, certas formas de desenvolvimento podendo ser atingidas nele; este último resultado dando ao leitor que pode *ler entre as linhas* uma nova luz sobre o processo de Evolução, e uma nova chave da porta secreta dos *lábios da vida* entre um reino e o outro. Os grandes reinos dos Elementais são muito reconhecidos por todos os ocultistas, e os escritos esotéricos estão cheios de menção deles. Os leitores de *"Zanoni"* de Bulwer Lytton e outras obras semelhantes poderão reconhecer as entidades que habitam estes planos de vida.

Passando do Grande Plano Mental ao Grande Plano Espiritual, que poderemos dizer? Como poderemos explicar estes estados mais elevados do Ente, da Vida e da Mente, às mentes ainda inábeis para compreender e entender as mais elevadas subdivisões do Plano da Mente Hominal?

A tarefa é impossível. Poderemos falar só nos termos mais gerais. Como pode a Luz ser descrita a um homem nascido cego? Como explicar o açúcar a um homem que nunca comeu coisa doce, ou a harmonia a um que nasceu surdo?

Tudo o que podemos dizer é que os Sete planos Menores do Grande Plano Espiritual (cada Plano Menor tendo suas sete subdivisões) compreende os Entes que possuem a Vida, a mente e a Forma acima da do Homem atual como a deste último é acima do verme terrestre, do mineral ou ainda de certas formas da Energia ou Matéria. A Vida destes Entes é tão transcendental para nós, que ainda não podemos pensar nos detalhes dos mesmos; as suas Mentes são tão transcendentes que para eles nós parecemos *pensar* um poucochinho, e os nossos processos mentais lhes parecem simplesmente como um processo material; a Matéria de que as suas formas são compostas são dos Planos mais elevados da Matéria, contudo, muitos disseram que eles estão *presos na Pura Energia*. Que se poderá dizer de tais Entes?

Nos Sete Planos Menores do Grande Plano Espiritual existem Entes que poderemos chamar Anjos, Arcanjos, Semideuses. No Plano Menor mais baixo vivem estas grandes almas que chamamos Mestres e Adeptos. Acima deles fica a Grande Hierarquia das Hostes Angélicas, inconcebíveis ao homem; e acima destas ficam os que podem ser chamados sem irreverência *Os Deuses*, tão elevados na escada da existência estão eles, pois que a sua existência, inteligência e poder são semelhantes aos atribuídos pelas raças de homens às suas concepções da Divindade. Estes Entes estão ainda além dos mais elevados vôos da imaginação humana, e o epíteto *Divino* é o único que lhes é aplicável. Muitos destes Entes como também as Hostes Angélicas tomam muito interesse nos negócios do Universo e têm uma parte importante neles. Estas Invisíveis Divindades e Anjos Protetores estendem a sua influência livre e poderosamente no processo da Evolução e do Progresso Cósmico. A sua ocasional intervenção e assistência nos negócios humanos criou as muitas lendas, crenças, religiões e tradições da raça passada e presente. Eles muitas vezes impuseram ao mundo os seus conhecimentos e poderes conforme a Lei do TODO.

Mas, ainda mesmo os mais elevados destes Entes adiantados existem simplesmente como criações da Mente do TODO, e são sujeitos aos Processos Cósmicos e às Leis Universais. Eles são ainda Mortais. Podemos chamá-los *deuses* comparados conosco, mas ainda são os Irmãos mais Velhos da Raça, as almas mais avançadas que ultrapassam os seus irmãos, e que renunciaram ao êxtase da Absorção pelo TODO, com o fim de ajudar a raça na sua jornada para subir o Caminho. Mas eles pertencem ao Universo e estão sujeitos às suas condições (são mortais) e o seu plano está abaixo do plano do Espírito Absoluto.

Somente os mais avançados hermetistas são aptos para compreender os mais ocultos Preceitos a respeito dos estados de existência e dos poderes manifestados nos Planos Espirituais. Os fenômenos são tão superiores aos dos Planos Mentais que uma confusão de idéias resultaria certamente se atentássemos em descrevê-los. Somente aqueles cujas mentes foram muito adestradas nas linhas da Filosofia hermética por muitos anos — cer-

76

tamente que estes transportam consigo de outras encarnações o conhecimento adquirido previamente — podem compreender justamente o que é significado pelo Ensinamento sobre este Plano Espiritual. E muitos destes Preceitos Secretos são considerados pelos hermetistas como sendo sagrados, importantes e perigosos para a disseminação ao público em geral. Os estudantes inteligentes podem reconhecer que significamos com isto a idéia que a significação da palavra *Espírito,* como é empregada pelos hermetistas, é semelhante à de *Poder Vivente, Força Animada, Essência Oculta, Essência da Vida,* etc., que não deve ser confundido com o termo usual e comumente empregado em relação com os termos, isto é, *religioso, eclesiástico, espiritual, etéreo, santo,* etc. Aos ocultistas a palavra *Espírito* se emprega no sentido d'*"O Princípio Animado",* entendendo com isto a idéia de Poder, Energia Vivente, Força Mística, etc. E os ocultistas sabem que o que é conhecido por eles como *Poder Espiritual* pode ser empregado para o mau como para o bom fim (em concordância com o Princípio de Polaridade), fato que foi reconhecido pela maioria das religiões nas suas concepções de Satã, Belzebu, o Diabo, Lúcifer, Anjos caídos, etc. E assim os conhecimentos a respeito destes Planos foram conservados no Santo dos Santos, na Câmara Secreta do Templo de todas as Fraternidades Esotéricas e Ordens Ocultas. Mas podemos dizer aqui que aquele que atingiu os poderes espirituais superiores e empregou-os mal tem um terrível destino para si na história, e a vibração do pêndulo do Ritmo inevitavelmente lança-lo-á no extremo mais baixo da existência Material, de cujo ponto ele tem de fazer a sua caminhada de prisão espiritual, pelas muitas voltas do Caminho, mas sempre com a tortura de ter sempre consigo uma ligeira memória das alturas de que caiu por causa das suas más ações. A lenda da Queda dos Anjos tem uma base nos fatos atuais como sabem todos os ocultistas avançados. Os esforços para poderes egoístas no Plano Espiritual inevitavelmente traz como resultado no espírito egoísta a perda da sua balança espiritual e a queda do mesmo modo que foi elevado previamente. Mas, ainda para tal alma, é dada a oportunidade da volta, e ela toma o caminho de volta, pagando a terrível penalidade de acordo com a Lei invariável.

Em conclusão vamos agora lembrar-vos que relativamente (de acordo com ele) ao Princípio de Correspondência, que contém a verdade: *O que está em cima é como o que está embaixo, e o que está embaixo é como o que está em cima,* todos os Sete Princípios Herméticos estão em muitas operações em todos os diversos planos Físicos, Mental e Espiritual. O Princípio da Substância Mental aplica-se a todos os planos, porque tudo nasceu na Mente do TODO. O Princípio de Correspondência se manifesta em tudo, porque há uma correspondência, harmonia e correlação entre os diversos planos. O Princípio de Vibração se manifesta em todos os planos; com efeito, a verdadeira diferença que faz os *planos* resulta da Vibração, como explicamos. O Princípio de Polaridade manifesta-se em todos os planos, porque os extremos dos Pólos são aparentemente opostos e contraditórios. O Princípio de Ritmo manifesta-se em todos os Planos, o movimento dos fenômenos tendo o seu fluxo e refluxo, a sua alta e baixa. O Princípio de Causa e Efeito se manifesta em todos os Planos, cada Efeito tendo a sua Causa e cada Causa tendo o seu Efeito. O Princípio de Gênero manifesta-se em todos os Planos, sendo a Energia Criadora sempre manifestada e operando ela pela linha dos Aspectos Masculinos e Femininos.

O que está em cima é como o que está embaixo, e o que está embaixo é como o que está em cima. Este axioma hermético de centenares de anos compreende um dos grandes Princípios dos Fenômenos Universais. Como procedemos com as nossas considerações dos Princípios permanentes, vamos ter ainda mais claramente a verdade da natureza universal deste grande Princípio de Correspondência.

CAPÍTULO IX

A VIBRAÇÃO

*"Nada está parado, tudo se move,
tudo vibra."* — O CAIBALION

O Terceiro Grande Princípio hermético — o Princípio de Vibração — compreende a verdade que o Movimento é manifestado em tudo no Universo, que nada está parado, que tudo se move, vibra e circula. Este princípio hermético foi reconhecido por muitos dos maiores filósofos gregos que o introduziam em seus sistemas. Mas, depois, por muitos séculos, foram perdidos pelos pensadores que estavam fora das fileiras herméticas. Mas no 9.º século a ciência física descobriu novamente a verdade e as descobertas científicas do século XX acrescentaram as provas de exatidão e verdade da secular doutrina hermética.

Os Ensinamentos herméticos são que não somente tudo está em movimento e vibração constante; mas também que as *diferenças* entre as diversas manifestações do poder universal são devidas inteiramente à variação da escala e do modo das vibrações. Não só isto, mas também que o TODO em si mesmo manifesta uma constante vibração de um grau tão infinito de intensidade e movimento rápido que praticamente pode ser considerado como estando parado. Os instrutores dirigem a atenção do estudante para o fato de que, ainda no plano físico, um objeto

79

que se move rapidamente (como uma roda girante) parece estar parado. Os Ensinamentos são que com efeito o Espírito está num lado do Pólo de Vibração, e o outro Pólo é certa forma extremamente grosseira da Matéria. Entre estes dois pólos estão milhões de milhões de escalas e modos de vibração.

A Ciência Moderna provou que o que chamamos Matéria e Energia é simplesmente *modo de movimento vibratório,* e muitos dos mais adiantados cientistas estão-se movendo rapidamente para os ocultistas que sustentam que os fenômenos da Mente são modos semelhantes de vibração e movimento. Permiti-nos examinar o que disse a ciência sobre a questão das vibrações na matéria e na energia.

Em último lugar, a ciência ensina que toda a matéria manifesta, em alguns graus, as vibrações procedentes da temperatura ou calor. Seja um objeto quente ou frio — ambos sendo simplesmente graus da mesma coisa — ele manifesta certas vibrações quentes, e neste sentido está em movimento e vibração. Logo todas as partículas da Matéria estão em movimento circular, desde os corpúsculos até os sóis. Os planetas giram ao redor dos sóis, e muitos deles giram sobre seus eixos. Os sóis movem-se ao redor dos grandes pontos centrais, e crê-se que estes se movem ao redor de maiores, e assim por diante, até o infinito. As moléculas de que as espécies particulares da Matéria são compostas se acham num estado de constante vibração e movimento umas ao redor das outras. As moléculas são compostas de Átomos, que, semelhantemente, se acham em estado de constante movimento e vibração. Os átomos são compostos de Corpúsculos, muitas vezes chamados *elétrons, íons,* etc., que também estão em estado de movimento rápido, girando um ao redor do outro, e que manifestam um estado e um modo verdadeiramente rápido de vibração. E vemos assim que todas as formas da Matéria manifestam a Vibração, de acordo com o Princípio hermético de Vibração.

80

E assim é com as diversas formas da Energia. A Ciência ensina que a Luz, o Calor, o Magnetismo e a Eletricidade são simplesmente formas de movimento vibratório provavelmente emanadas do Éter. A Ciência até agora não procurou explicar a natureza dos fenômenos conhecidos como Coesão, que é o princípio da Atração Molecular, nem a Afinidade Química, que é o princípio da Atração Atômica, nem a Gravitação (o maior mistério destes três), que é o princípio da atração pela qual uma partícula ou massa de Matéria é atraída por outra partícula. Estas três formas da Energia não são ainda compreendidas pela ciência, contudo, os escritores inclinam-se para a opinião que estas três são manifestações da mesma forma da energia vibratória, fato que os hermetistas descobriram e disseram nos tempos passados.

O Éter Universal, que é postulado pela ciência sem que a sua natureza seja compreendida claramente, é considerado pelos hermetistas como sendo uma manifestação elevada daquilo que é erroneamente chamado matéria, isto é, a Matéria a um grau elevado de vibração, é chamada por eles *"A Substância Etérea"*. Os hermetistas ensinam que esta Substância Etérea é de extrema tenuidade e elasticidade, e penetra o espaço universal, servindo como meio de transmissão das ondas da energia vibratória, como o calor, a luz, a eletricidade, o magnetismo, etc. Os Ensinamentos são que a Substância Etérea é um elo de união entre as formas da energia vibratória conhecida como *Matéria,* de um lado, e a Energia ou Força, de outro lado; e também que ela manifesta um grau de vibração, em escala e modo inteiramente particular.

Os cientistas ofereceram o exemplo de uma roda, pião ou cilindro movendo-se rapidamente para mostrar os efeitos das escalas aumentativas da vibração. O exemplo supõe uma roda, pião ou cilindro, girando numa pequena escala de ligeireza. Suponhamos que o objeto se move lentamente. Ele pode ser visto facilmente, mas nenhum som do seu movimento penetra

81

no ouvido. A ligeireza é aumentada gradualmente. Em poucos momentos o seu movimento torna-se tão rápido que um surdo ruído ou uma nota baixa pode ser ouvida. Então como a escala é aumentada a nota sobe mais na escala musical. O movimento sendo ainda mais aumentado, a última nota superior é melhor ouvida. Aí, uma depois da outra, todas as notas da escala musical aparecem, subindo cada vez mais conforme é aumentado o movimento. Finalmente, quando o movimento passou uma certa escala, a nota final perceptível aos ouvidos humanos é alcançada, um som agudo soa morrendo ao longe, e segue-se o silêncio. Nenhum som do objeto girante é ouvido, o grau de movimento sendo tão elevado que o ouvido humano não pode registrar as vibrações. Então começa a percepção dos graus ascendentes do calor e depois de algum tempo o olho percebe um vislumbre do objeto que se torna uma escuridão de cor avermelhada. Como o grau aumenta, o vermelho fica mais claro. Como a ligeireza ainda é aumentada, o vermelho passa ao alaranjado. O alaranjado passa ao amarelo. Depois seguem-se, sucessivamente as representações do verde, azul, anil, e finalmente violeta, conforme for aumentando a grau de ligeireza. Então a cor violeta desaparece, e todas as cores desaparecem, a vista humana não sendo capaz de registrá-las. Mas existem raios invisíveis que emanam do objeto girante, os raios usados na fotografia, e outros raios sutis da luz. Então começam a manifestar-se os raios peculiares conhecidos como os *Raios X*, etc., conforme se transforma a constituição do objeto. A Eletricidade e o Magnetismo são emitidos quando for atingido o grau apropriado de vibração.

Quando o objeto atinge um certo grau de vibração as suas moléculas se desintegram e giram por si mesmas nos elementos originais ou átomos.

Os átomos por sua vez, seguindo o Princípio de Vibração, são separados nos pequenos corpúsculos de que são formados. E finalmente, mesmo os corpúsculos desaparecem e pode-se dizer que o objeto é composto da Substância Etérea. A Ciência não continua para diante o exemplo, mas os hermetistas ensinam que, se as vibrações fossem aumentando continuamente, o objeto subiria pelos estados sucessivos de manifestação e poderia manifestar os diversos graus mentais na direção do Espírito; então ele poderia reentrar finalmente no TODO, que é o Espírito Absoluto. O *objeto*, contudo, teria deixado de ser um *objeto* desde que tivesse subido ao degrau da Substância Etérea, mas apesar disso a ilustração é correta porque mostra o efeito do grau e modo de vibração aumentada constantemente. Deve ser lembrado na ilustração acima que nos graus em que o *objeto* expele vibrações de luz, calor, etc., ele não está atualmente *resolvido* nestas formas da energia (que são muito elevadas na escala), mas simplesmente alcança um grau de vibração em que estas formas de energia são livradas, em certo grau, das influências restritivas das suas moléculas, seus átomos e corpúsculos, como pode ser o caso. Estas formas de energia, apesar de muito mais elevadas na escala do que a matéria, estão aprisionadas e limitadas nas combinações materiais, pela razão que as energias manifestam e empregam as formas materiais, mas estão restringidas e limitadas nas suas criações destas formas, de modo que estas são, para um modo de entender, as mais verdadeiras de todas as criações, ficando a força criadora envolvida na sua criação.

Mas os Ensinamentos herméticos vão muito além dos da ciência moderna. Eles ensinam que toda a manifestação do pensamento, emoção, raciocínio, vontade, desejo, qualquer condição ou estado, são acompanhados por vibrações, uma porção das quais é expelida e tende a afetar a mente de outras pessoas por *indução*. Este é o princípio que produz os fenômenos de *telepatia*, influência mental e outras formas da ação e do poder da mente, com que se está acostumando rapidamente, por causa da completa disseminação dos conhecimentos ocultos pelas diversas escolas, cultos e instrutores na época atual.

83

Todos os pensamentos, todas as emoções ou estados mentais têm o seu grau e modo de vibração. E por um esforço da vontade da pessoa, ou de outras pessoas, estes estados mentais podem ser reproduzidos, do mesmo modo que o tom musical pode ser reproduzido por meio da vibração de um instrumento em certo grau e assim como a cor pode ser reproduzida da mesma forma. Pelo conhecimento do Princípio de Vibração, aplicado aos Fenômenos Mentais, pode-se polarizar a sua mente no grau que quiser, adquirindo assim um perfeito domínio sobre os seus estados mentais, as disposições, etc. Do mesmo modo pode afetar as mentes dos outros, produzindo nelas os estados desejados. Por fim, ele pode produzir no Plano Mental o que a ciência produz no Plano Físico, principalmente, *Vibrações à Vontade*. Este poder pode ser adquirido somente pela instrução própria, pelos exercícios, práticas, etc., da ciência da Transmutação Mental, um dos ramos da Arte hermética.

Uma pequena reflexão sobre o que dissemos mostrará ao estudante que o Princípio de Vibração compreende os admiráveis fenômenos do poder manifestado pelos Mestres e Adeptos, que aparentemente são capazes de destruir as Leis da Natureza, mas que em realidade simplesmente usam uma lei contra outra, um princípio contra outro; e que obtêm os seus resultados mudando as vibrações dos objetos materiais ou formas de energia, e então realizam o que é comumente chamado *milagre*.

Diz um dos velhos escritores herméticos: *"Aquele que compreende o Princípio de Vibração alcançou o cetro do Poder."*

Capítulo X

A POLARIDADE

> *"Tudo é duplo; tudo tem dois pólos; tudo tem seu par de opostos; o semelhante e o dessemelhante são uma só coisa; os opostos são idênticos em natureza, mas diferentes em grau; os extremos se tocam; todas as verdades são meias-verdades; todos os paradoxos podem ser reconciliados."* — O Caibalion

O Quarto Grande Princípio hermético — o Princípio de Polaridade — contém a verdade que todas as coisas manifestadas têm *dois lados, dois aspectos, dois pólos opostos,* com muitos graus de diferença entre os dois extremos. Os velhos paradoxos, que ainda deixaram perplexa a mente dos homens, são explicados pelo conhecimento deste Princípio. O homem também reconheceu muitas coisas semelhantes a este Princípio e tentou exprimi-lo por estas máximas e aforismos: *Tudo existe e não existe ao mesmo tempo, todas as verdades são meias-verdades, todas as verdades são meio-falsas, há dois lados em tudo, todo verso tem o seu reverso,* etc.

Os Ensinos herméticos são, com efeito, que a diferença entre as coisas que se parecem diametralmente opostas é simplesmente questão de graus. Eles ensinam que *os pares de*

85

opostos podem ser reconciliados, e que a *reconciliação universal dos opostos* é efetuada pelo conhecimento deste Princípio de Polaridade. Os instrutores dizem que os exemplos deste Princípio podem ser dados a qualquer pessoa, e por meio de uma examinação da natureza real das coisas. Eles conhecem porque afirmam que o Espírito e a Matéria são simplesmente dois pólos da mesma coisa, sendo os planos intermediários simplesmente graus de vibração. Eles afirmam que o TODO e o Muito são a mesma coisa, a diferença sendo simplesmente questão de grau de manifestação mental. Assim a LEI e as Leis são os dois pólos de uma só coisa. Do mesmo modo o PRINCÍPIO e os Princípios, a Mente Infinita e a mente finita.

Então passando ao Plano Físico, eles explicam o Princípio dizendo que o Calor e o Frio são idênticos em natureza, as diferenças sendo simplesmente questão de graus. O termômetro marca diversos graus de temperatura, chamando-se o pólo mais baixo *frio,* e o mais elevado *calor.* Entre estes dois pólos estão muitos graus de *calor* ou *frio,* chamai-os qualquer dos dois que não cometereis erro algum. O mais elevado dos dois graus é sempre o *mais quente,* enquanto que o mais baixo é sempre o *mais frio.* Não há demarcação absoluta; tudo é questão de grau. Não há lugar no termômetro em que cessa o calor e começa o frio. Isto é questão de vibrações mais elevadas ou menos elevadas. Mesmo os termos *alto* e *baixo* (*inferiores* e *superiores*), que somos obrigados a usar, são unicamente pólos da mesma coisa; os termos são relativos. Assim como o *Oriente* e o *Ocidente*; viajai ao redor do mundo e na direção do Oriente, e chegareis a um ponto que é chamado Ocidente, ao vosso ponto de partida, e voltareis deste ponto oriental. Viajai para o Norte e parecer-vos-á viajar no Sul, ou vice-versa.

A Luz e a Obscuridade são pólos da mesma coisa, com muitos graus entre elas. A escala musical é a mesma coisa: vibrando o ponto "C" movei-o para cima até que encontrais outro ponto "C", e assim por diante, a diferença entre as duas extremidades da corda sendo a mesma, com muitos graus entre os dois extremos. A escala das cores é a mesma: pois que as mais elevadas e as mais baixas vibrações são simplesmente diferenças entre o violeta superior e o vermelho inferior. O Grande e o Pequeno são relativos. Assim também o Ruído e o Silêncio, o Duro e o Flexível. Tais são o Agudo e o Liso. O Positivo e o Negativo são dois pólos da mesma coisa, com muitos graus entre eles.

O Bem e o Mal não são absolutos; chamamos uma extremidade da escala Bem e a outra Mal. Uma coisa é *menos boa,* que a coisa mais elevada na escala, mas esta coisa *menos boa,* por sua vez, é *mais boa* (*melhor*) que a coisa imediatamente inferior a ela; e assim por diante, o *mais* ou o *menos* sendo regulado pela posição na escala.

E assim é no Plano Mental. O *Amor* e o *Ódio* são geralmente considerados como sendo coisas diametralmente opostas entre si, inteiramente diferentes, irreconciliáveis. Mas aplicamos o Princípio de Polaridade, e supomos que não há coisa de Amor Absoluto ou de Ódio Absoluto, como distintos um do outro. Ambos são simplesmente termos aplicados aos dois pólos da mesma coisa. Começando num ponto da escala encontramos *mais amor* ou *menos ódio,* conforme subirmos a escala; e *mais ódio* e *menos amor,* conforme descermos: sendo verdade que não há matéria de cujo ponto, superior ou inferior, possamos admirar. Há graus de Amor e de Ódio, e há um ponto médio em que o *semelhante* e o *dessemelhante* tornam-se tão insignificantes que é difícil fazer distinção entre eles. A Coragem e o Medo seguem a mesma regra. Os pares de opostos existem em toda parte. Onde encontrardes uma coisa encontrareis o seu oposto: os dois pólos.

E é este fato que habilita o hermetista a transmutar um estado mental em outro, conforme as linhas da Polarização. As

87

coisas pertencentes a diferentes classes não podem ser transmutadas em uma outra, mas as coisas da mesma classe podem ser transmutadas, isto é, podem ter a sua polaridade mudada. Assim o Amor pode ser Oeste ou Leste, Vermelho ou Violeta, mas pode tornar-se e imediatamente se torna em Ódio, e' do mesmo modo, o Ódio pode ser transformado em Amor, pela mudança da polaridade. A Coragem pode ser mudada em Medo e vice--versa. As coisas duras podem ficar moles. As coisas agudas podem ficar lisas. As coisas frias podem ficar quentes. E assim por diante, a transmutação sendo sempre entre coisas da mesma natureza, porém de graus diferentes. Tomemos o caso de um homem medroso. Elevando as suas vibrações mentais na linha do Medo e da Coragem, pode chegar a possuir maior grau de Coragem e Intrepidez. E de igual modo um homem preguiçoso pode mudar-se em um indivíduo ativo, enérgico, simplesmente pela polarização na direção da qualidade desejada.

O estudante que está familiarizado com os processos pelos quais as diversas escolas de Ciência mental, etc., produzem modificações nos estados mentais dos que empregam os seus ensinos, poderá não compreender o princípio que opera estas mudanças. Contudo, quando o Princípio de Polaridade é compreendido, ele vê que as mudanças mentais são ocasionadas por uma mudança de polaridade, uma descida na mesma escala: o assunto é facilmente compreendido. A mudança não é da natureza de uma transmutação de uma coisa em outra coisa inteiramente diferente, mas é simplesmente uma mudança de grau nas mesmas coisas, uma diferença muito importante. Por exemplo, tomando uma analogia do Plano Físico, é impossível mudar o Calor em Agudeza, Ruído, Altura, etc., mas o Calor pode ser transmutado em Frio, simplesmente pela diminuição das vibrações. Da mesma forma o Ódio e o Amor são mutuamente transmutáveis; assim também o Medo e a Coragem. Mas o Medo não pode ser mudado em Amor, nem a Coragem em Ódio. Os estados mentais pertencem a inúmeras classes, cada classe deles tem dois pólos opostos, entre os quais a transmutação é possível.

O estudante reconhecerá facilmente que nos estados mentais, bem como nos fenômenos do Plano Físico, os dois pólos podem ser classificados como Positivo e Negativo, respectivamente. Assim o Amor é Positivo para o Ódio, a Coragem para o Medo, a Atividade para a Indolência, etc. E também pode-se dizer ainda que aos que não estão familiarizados com o Princípio de Vibração, o pólo Positivo parece ser de um grau mais elevado que o pólo Negativo, e dominá-lo imediatamente. A tendência da Natureza é na direção da atividade dominante do pólo Positivo.

Para acrescentar mais alguma coisa à mudança dos pólos dos próprios estados mentais de cada um pela operação da arte de Polarização, os fenômenos da Influência mental, nas suas diversas fases, nos mostram que este princípio pode estender-se até ao fenômeno da influência de uma mente sobre outra, de que muito se tem escrito nos últimos anos. Quando se compreende que a Indução mental é possível, isto é, que estes estados mentais são produzidos pela *indução* de outros, então se pode ver imediatamente como um certo grau de vibração, ou a polarização de um certo estado mental, pode ser comunicado a outra pessoa, e assim se muda a sua polaridade nesta classe de estados mentais. É conforme este princípio que os resultados de muitos *tratamentos mentais* são obtidos. Por exemplo, uma pessoa é *azul,* melancólica e cheia de medo. Um cientista mental adestrando pela sua própria vontade a sua mente à desejada vibração, obtém a desejada polarização no seu próprio caso, então produz um estado mental semelhante no outro por indução, o resultado sendo que as vibrações são elevadas e a pessoa polarizada no lado Positivo da escala em vez do lado Negativo, e o seu Medo e outras emoções negativas são transmutadas em Coragem e nos estados mentais positivos similares. Um pequeno estudo mostrar-vos-á que estas mudanças mentais são quase todas de conformidade com a linha de Polarização, a mudança sendo de grau e não de espécie.

O conhecimento da existência deste grande Princípio hermético habilitará o estudante a compreender melhor os seus próprios estados mentais e o das outras pessoas. Ele verá que estes estados são todos questão de graus, e vendo assim, ele poderá elevar ou abaixar a vibração à vontade, mudar os seus pólos mentais, em vez de ser o seu servo e escravo. E por este conhecimento poderá auxiliar inteligentemente os seus semelhantes, e pelo método apropriado mudar a polaridade quando desejar.

Aconselhamos todos os estudantes a familiarizarem-se com este Princípio de Polaridade, porque uma exata compreensão do mesmo esclarecerá muitos assuntos difíceis.

CAPÍTULO XI

O RITMO

"Tudo tem fluxo e refluxo; tudo tem suas marés; tudo sobe e desce; tudo se manifesta por oscilações compensadas; a medida do movimento à direita é a medida do movimento à esquerda; o ritmo é a compensação."
— O CAIBALION

O Quinto Grande Princípio Hermético — o Princípio de Ritmo — encerra a verdade que em tudo se manifesta um movimento proporcional, um movimento de um lugar para outro, um fluxo e refluxo, um movimento para diante e para trás, um movimento semelhante ao do pêndulo, uma maré baixa e uma maré alta entre os dois pólos que se manifestam nos planos físico, mental e espiritual. O Princípio de Ritmo está em relação com o Princípio de Polaridade descrito no capítulo precedente. O Ritmo se manifesta entre os dois pólos estabelecidos pelo Princípio de Polaridade. Isto não significa, porém, que o pêndulo do Ritmo vibra nos pólos extremos, porque isto raramente acontece; com efeito, na maioria dos casos, é muito difícil estabelecer o extremo polar oposto. Mas a vibração vai primeiro *para o lado* de um pólo e depois para o do outro.

Há sempre uma ação e uma reação, uma marcha e uma retirada, uma alta e uma baixa, manifestadas em todos os tons e fenômenos do Universo. Os sóis, os mundos, os homens, os animais, as plantas, os minerais, as forças, a energia, a mente, a matéria e mesmo o Espírito manifestam este Princípio. O Princípio se manifesta na criação e destruição dos mundos, na elevação e queda das nações, na vida histórica de todas as coisas, e finalmente nos estados mentais do Homem.

Começando com as manifestações do Espírito ou do TODO, pode-se dizer que existem a *Efusão* e a *Infusão*; a *"Expiração e a Inspiração de Brahm"*, como diz a expressão dos Brâmanes. Os Universos são criados; eles chegam ao ponto mais baixo de materialidade, e logo começam a sua vibração para cima. Os sóis nascem à existência, e sendo atingida a sua maior força, o processo de retrocesso começa, e depois de *eons* de tempo eles se tornam inertes massas de matéria, esperando um outro impulso que novamente ponha as suas energias interiores na atividade e começa um novo ciclo de vida solar. E assim é com todos os mundos; nasceram, viveram e morreram: é só renascer. E assim é com todas as coisas de figura e forma; elas vibram da ação para a reação, do nascimento para a morte, da atividade para a inatividade voltam para trás. Assim é com todas as coisas viventes; nasceram, cresceram, morreram, e depois tornaram a nascer. Assim é com todos os grandes movimentos, as filosofias, os credos, os costumes, os governos, as nações e todas as outras coisas: nascer, crescer, amadurecer, decair, morrer e depois renascer. A vibração do pêndulo está sempre em evidência.

A noite segue o dia, e o dia segue a noite. O pêndulo vibra do Outono ao Inverno, e depois volta para trás. Os corpúsculos, os átomos, as moléculas e todas as massas de matéria vibram ao redor do círculo da sua natureza. Não há coisa alguma de absoluta inércia ou cessação de movimento, e todo movimento participa do Ritmo. O princípio é de aplicação universal. Pode ser aplicado a qualquer questão ou fenômeno de qualquer dos diversos planos de vida. Pode ser aplicado a todas as fases da atividade humana.

Sempre existe a vibração rítmica de um pólo a outro. O Pêndulo Universal sempre está em movimento. As marés da Vida sobem e descem de acordo com a Lei.

O Princípio de Ritmo acha-se bem entendido pela ciência moderna, e é considerado como uma lei universal aplicada às coisas materiais. Mas os hermetistas levam o princípio muito além, e sabem que as suas manifestações e influências se estendem às atividades mentais do Homem, e que isto se explica pela contínua sucessão de condições, estados, emoções e outras incômodas e embaraçosas mudanças que observamos em nós mesmos. Mas os hermetistas, estudando as operações deste Princípio, aprenderam a escapar da sua atividade pela Transmutação.

Os Mestres hermetistas há muito tempo descobriram que, conquanto o Princípio de Ritmo seja invariável, e sempre esteja em evidência nos fenômenos mentais, ainda existem dois planos de sua manifestação tanto quanto os fenômenos mentais estão incluídos. Descobriram que existem dois planos gerais de Consciência, o Inferior e o Superior, o conhecimento deste fato habilita-os a subir ao plano superior e assim escapar da vibração do pêndulo rítmico que se manifesta no plano inferior. Em outras palavras, a vibração do pêndulo se realiza no Plano Inconsciente, e a Consciência não é afetada. A isto eles chamam a Lei de Neutralização. As suas operações consistem na elevação do Ego acima das vibrações do Plano Inconsciente da atividade mental, de modo que a vibração negativa do pêndulo não é manifestada na consciência, e por esta razão eles não são afetados. É semelhante à elevação acima de uma coisa, deixando-a passar debaixo de vós. Os Mestres hermetistas, ou os estudantes adiantados, polarizando-se no pólo desejado, e por um processo semelhante à *recusa* de participar da vibração que desce, ou, se preferis, à *negação* da sua influência sobre eles, sustêm-se firmes na sua posição polarizada, e deixam o pêndulo mental vibrar para trás no plano inconsciente. Todas as pessoas que atingiram todos os graus do domínio próprio realizam isto mais ou

93

menos inconscientemente, e recusando deixar as suas condições e os seus estados mentais negativos dominá-las, aplicam a Lei de Neutralização. O Mestre, contudo, leva-os a um grau muito elevado de progresso, e pelo uso da sua Vontade atinge um grau de Equilíbrio e Firmeza mental quase impossível de ser crido pelos que deixam mover-se à direita e à esquerda pelo pêndulo mental das condições e emoções.

A importância disto pode ser apreciada por qualquer pensador que compreende que a maioria das pessoas são criaturas de condições, emoções e sensações, e que só manifestam um domínio próprio muito insignificante. Se quiserdes deter-vos e examinar um momento, vereis como muitos movimentos de Ritmo vos afetaram em vossa vida, como um período de Entusiasmo foi invariavelmente seguido por uma sensação e condição de Depressão. Do mesmo modo, as vossas condições e períodos de Coragem foram seguidos por iguais condições de Medo. E assim sempre aconteceu com a maioria das pessoas: tempos de sensação sempre apareceram e desapareceram com elas, mas elas não suspeitaram a causa ou razão do fenômeno mental. A compreensão das operações deste Princípio dará à pessoa a chave para o Domínio destes movimentos rítmicos de emoções, e habilitá-la-á a conhecer melhor a si mesma e a evitar de ser levada por estes fluxos e refluxos. A Vontade é superior à manifestação consciente deste Princípio, todavia o próprio Princípio não pode ser destruído. Podemos escapar dos seus efeitos, porém, apesar disso, o Princípio está em operação. O pêndulo sempre se move, porém, nós podemos escapar de sermos levados por ele.

Há outras espécies de operações deste Princípio de Ritmo de que queremos falar agora. Acha-se na sua ação aquilo que é conhecido como a Lei de Compensação. Uma das definições ou significações da palavra *Compensação* é *contrabalançar,* que é o sentido em que os hermetistas empregam o termo. É a esta Lei de Compensação a que se refere o *Caibalion,* quando diz:

"A medida do movimento à direita é a medida do movimento à esquerda; o ritmo é a compensação."

A Lei de Compensação é que o movimento numa direção determina o movimento na direção oposta, ou para o pólo oposto; um balança ou contrabalança o outro. No Plano Físico vemos muitos exemplos desta Lei. O pêndulo do relógio move-se em certa distância à direita, e depois numa igual distância à esquerda. As estações balançam-se umas às outras da mesma forma. As marés seguem a mesma Lei. E a mesma Lei é manifestada em todos os fenômenos de Ritmo. O pêndulo com brevidade move-se numa direção, e com a mesma brevidade na outra; um movimento extenso à direita representa invariavelmente um movimento extenso à esquerda. Um objeto atirado para cima a uma certa altura tem uma igual distância para atravessar na volta. A força com que um projétil é arremessado uma milha para cima é reproduzida quando o projétil volta à terra. Esta Lei é constante no Plano Físico, como vos mostrará uma referência às autoridades-modelos.

Porém, os hermetistas levam isto muito mais longe. Eles ensinam que os estados mentais de um homem estão sujeitos à mesma Lei. O homem que goza sutilmente está sujeito a sofrimentos sutis; ao passo que aquele que sente poucas penas só é capaz de sentir pouco gozo. O porco sofre porém muito pouco mentalmente, e também goza muito pouco: é compensado. E doutro lado, temos outros animais que gozam sutilmente, mas cujo organismo nervoso e temperamento lhes faz sofrer esquisitos graus de penas. E assim é com o Homem. Existem temperamentos que permitem um grau muito inferior de gozo, e igualmente um grau inferior de sofrimento; enquanto que há outros que permitem um gozo mais intenso, mas também um sofrimento mais intenso. A verdade é que a capacidade para o sofrimento ou gozo é contrabalançada em cada indivíduo. A Lei de Compensação está aí em constante operação.

Contudo, os hermetistas ainda vão mais além neste assunto. Eles ensinam que antes que alguém possa gozar um certo grau de prazer, deverá ter movido, proporcionalmente, para o outro pólo da sensação. Dizem, contudo, que o Negativo é procedente do Positivo, nesta questão, quer dizer que experimentando um certo grau de prazer não se segue que se deverá *pagar por isto* com um grau correspondente de sofrimento; pelo contrário, o prazer é o movimento rítmico, concordando com a Lei de Compensação, para um grau de sofrimento precedentemente experimentado na vida presente, ou numa encarnação precedente. Isto traz nova luz sobre o Problema do sofrimento.

Os hermetistas consideram a cadeia das vidas como contínua, e como formando parte de uma vida do indivíduo, de modo que, por conseguinte, o movimento rítmico por esta forma é compreendido, enquanto que não teria significação sem que fosse admitida a verdade da reencarnação.

Porém, os hermetistas pregam que o Mestre ou o estudante adiantado está habilitado, em grau elevado, a escapar o movimento para o Sofrimento, pelo processo de Neutralização antes mencionado. Elevando-se ao plano superior do Ego, muitas das experiências que acontecem aos que vivem no plano inferior são evitadas e escapadas.

A Lei de Compensação toma uma parte importante nas vidas dos homens e das mulheres. É sabido que geralmente uma pessoa *paga o preço* de tudo o que possui ou carece. Se tem alguma coisa, carece de outra: a balança é equilibrada. Ninguém pode *guardar o seu dinheiro e ter a migalha de pão* ao mesmo tempo. Todas as coisas têm os seus lados prazenteiro e desprazenteiro. As coisas que se ganham são sempre pagas pelas coisas que se perdem. O rico possui muito do que falta ao pobre, ao mesmo tempo que o pobre também possui coisas que estão fora do alcance dos ricos. O milionário poderá ter inclinação para muitos festins, e a opulência com que sustentar todas as delícias e luxúrias da mesa, mas carece do apetite para gozar dela; ele inveja o apetite e a digestão do trabalhador, que carece da opulência e das inclinações do milionário, e que tem mais prazer com o seu simples alimento do que o milionário poderia ter, se o seu apetite não fosse mau, nem a sua digestão arruinada, porque as necessidades, os hábitos e as inclinações diferem. E assim é através da vida. A Lei de Compensação está sempre em ação, esforçando-se para balançar e contrabalançar, e sempre vindo a tempo, sendo necessário diversas vidas para o movimento de volta do Pêndulo do Ritmo.

CAPÍTULO XII

A CAUSALIDADE

"Toda Causa tem seu Efeito; todo Efeito tem sua Causa; todas as coisas acontecem de acordo com a Lei; o Acaso é simplesmente um nome dado a uma Lei não reconhecida; existem muitos planos de causalidade, mas nada escapa à Lei." — O CAIBALION

O Sexto Grande Princípio hermético — o Princípio de Causa e Efeito — contém a verdade que a Lei domina o Universo, nada acontece por Acaso, que este é simplesmente um termo para indicar a causa existente, porém não reconhecida ou percebida; que os fenômenos são contínuos, sem interrupção ou exceção.

O Princípio de Causa e Efeito está oculto em todas as idéias científicas antigas e modernas, e foi anunciado pelos Instrutores Herméticos nos primitivos dias. Quando se levantaram muitas e variadas disputas entre as diversas escolas de pensamento, estas disputas foram principalmente sobre os detalhes das operações do Princípio, e ainda às mais das vezes sobre a significação de certas palavras. O Princípio obscuro de Causa e Efeito foi aceito como exato praticamente por todos os pensadores de nomeada do mundo inteiro. Pensar de outro modo seria subtrair os fenômenos do universo do domínio da Lei e da Ordem, e proscrevê-los ao domínio de uma causa imaginária que os homens chamaram o *Acaso.*

Uma pequena consideração mostrará a todos que em realidade não existe coisa alguma de puro Acaso. Webster define a palavra *Acaso* do modo seguinte: *"Um suposto agente ou modo de atividade diferente da força, lei ou propósito; a operação de atividade de tal agente; o suposto efeito deste agente; um acontecimento fortuito, uma causalidade,* etc." Porém, um pequeno exame mostrar-vos-á que não existe um agente como *Acaso,* no sentido de uma coisa fora da Lei, uma coisa fora de Causa e Efeito. Como poderia ser uma coisa que agisse no universo fenomenal, independente das leis, da ordem e da continuidade deste último? Tal coisa seria inteiramente independente do movimento ordenado do universo, e portanto superior a este. Não podemos imaginar nada fora do TODO que esteja fora da Lei, e isto somente porque o TODO é a própria LEI. Não há lugar no universo para uma coisa fora e independente da Lei. A existência de tal Coisa tornaria sem efeito todas as Leis Naturais, e mergulharia o universo em uma desordem e ilegalidade caótica.

Um exame cuidadoso mostrará que aquilo que chamamos *Acaso* é simplesmente um modo de exprimir as causas obscuras; as causas que não podemos compreender. A palavra Acaso [12] é derivada de uma palavra que significa *cair* (como a caída dos dados), dando a idéia de que a caída dos dados (e de muitos jogos de azar) é simplesmente um *acontecimento* que não tem relação com qualquer causa. E é este o sentido em que geralmente é empregado o termo. Mas quando o assunto é examinado secretamente, vê-se que não há nenhum acaso na caída dos dados. Todos os dias cai uma morte, que desagrada a um

---

(12) Deriva-se do verbo latino *ad-cado* e significa em sentido próprio, *caído em* ou *a...* — (N. do T.)

certo número de pessoas; ela obedece a uma lei do infalível como a que governa a revolução dos planetas ao redor do sol. Atrás da vinda da morte estão as causas, ou cadeias de causas, movendo-se além do lugar que a mente pode alcançar. A posição da morte no *box,* a redução da energia muscular expendida nos golpes, a condição da mesa, etc., etc., todas são causas, cujo efeito pode ser visto. Mas atrás destas causas observadas existem cadeias de causas de procedência não observada, todas as quais têm uma influência sobre o número da morte predominante.

Se uma morte dura uma grande quantidade de tempo, isto procederá de que os números manifestados serão quase iguais, isto é, haverá um número igual de *uma mancha, duas manchas,* etc., que são predominantes. Lançai uma moeda ao ar, e ela cairá sobre quaisquer *caras* ou *coroas*, mas fazei um bom número de arremessos e as *caras* e *coroas* cairão logo. Esta é a operação da lei proporcional. Mas apesar da proporção e dos simples arremessos estarem debaixo da Lei de Causa e Efeito, se fôssemos capazes de examinar nas precedentes causas, seria claramente observado que era simplesmente impossível para a morte vir de outro modo, nas mesmas circunstâncias e no mesmo tempo. Dadas as mesmas causas, os mesmos resultados advirão. Sempre há uma *causa* e um *porquê* para todos os acontecimentos. Nada *acontece* sem uma causa, ou uma cadeia de causas.

Muita confusão houve nas mentes de pessoas que consideraram este Princípio, porque não eram capazes de explicar como uma coisa poderia causar outra coisa, isto é, ser a *criadora* da segunda coisa. Com efeito, como matéria, nenhuma *coisa* pode *causar* ou *criar* outra *coisa*. A Causa e o Efeito são distribuídos simplesmente como *eventualidades*. Uma *eventualidade é aquilo que acontece ou advém, como um resultado ou uma conseqüência de diversos eventos procedentes.* Nenhum evento *cria* outro evento, mas é simplesmente um elo precedente na grande cadeia ordenada de eventos procedentes da energia criativa do TODO. Há uma continuidade entre todos os acontecimentos precedentes, conseqüentes e subseqüentes. Há uma relação entre tudo o que veio antes, e tudo o que vem agora. Uma pedra é deslocada de um lugar montanhoso e quebra o teto de uma cabana lá embaixo no vale. A princípio consideramos isto como um acontecimento casual, mas quando examinamos o assunto encontramos uma grande cadeia de causas. Em primeiro lugar está a chuva que amoleceu a terra que suportava a pedra e que a deixou cair; em segundo lugar atrás desta está a influência do sol, de outras chuvas, etc., que gradualmente desintegraram o pedaço de rocha de um pedaço maior, estão as causas que motivaram a formação da montanha e o seu levantamento pelas convulsões da natureza, e assim até o infinito.

Então poderíamos procurar as causas atrás da causa da chuva, etc. Poderíamos considerar a existência do teto. Enfim, logo nos envolveríamos em uma rede de acontecimentos, causas e efeitos, de cujas malhas intrincadas não nos poderíamos desembaraçar.

Do mesmo modo que um homem tem dois pais, quatro avós, oito bisavós, dezesseis trisavós, e assim por diante até que em quarenta gerações calcula-se o número dos avós remontarem a muitos milhares. Assim é com o número de causas que se ocultam sob o mais trivial acontecimento ou fenômeno, tal como a passagem de uma delgada fuligem pelos vossos olhos. Não é coisa agradável descrever o pedaço de fuligem desde o período primitivo da história do mundo, desde quando ele formava uma parte de um tronco maciço de árvore, que foi primeiramente transformado em carvão e depois até que passou agora pelos vossos olhos no seu caminho para outras aventuras. E uma grande cadeia de acontecimentos, causas e efeitos, trouxe-o à sua condição presente, e a última é simplesmente uma cadeia dos acontecimentos que poderão produzir outros eventos centenares de anos depois deste momento. Uma série de acontecimentos procedentes do delgado pedaço de fuligem foi a escrita destas linhas que fez o tipógrafo-mestre reformar certa palavra, o revisor fazer a mesma coisa, e que produzirá certos pensamentos na vossa mente, e de outros, que por sua vez afetarão outras e assim por diante conforme a habilidade do homem para raciocinar: e tudo isto da passagem de um delgado pedaço de fuligem, o que mostra a relatividade e associação das coisas, e o fato anterior que *"não há coisa grande, não há coisa pequena, na mente que causa tudo"*.

Detende-vos a pensar um momento. Se certo moço não tivesse encontrado uma certa moça, no obscuro período da Idade da Pedra, vós, que agora estais lendo estas linhas, não existiríeis agora. E, talvez, se o mesmo casal não se encontrasse, nós que escrevemos estas linhas, não existiríamos também agora. E o verdadeiro ato de escrever, da nossa parte, e o ato de ler, da vossa, poderá não só afetar as respectivas vidas nossas e vossas, mas também poderá ter uma influência direta ou indireta sobre muitas outras pessoas que agora vivem e que viverão nas idades futuras. Toda idéia que pensamos, todo ato que fazemos, tem o seu resultado direto ou indireto que se adapta à grande cadeia de Causa e Efeito.

Não queremos entrar em consideração sobre o Livre-Arbítrio ou o determinismo, nesta obra, por várias razões. Entre as diversas razões, a principal é que nenhum lado da controvérsia é inteiramente verdadeiro; com efeito, ambos os lados são parcialmente verdadeiros, de acordo com os Preceitos herméticos. O Princípio de Polaridade mostra que ambos são Meias-Verdades: pólos opostos da Verdade. Os Preceitos são que o homem pode ser Livre e ao mesmo tempo limitado pela Necessidade, dependendo isto da significação dos termos e elevação da Verdade cuja significação é examinada. Os escritores antigos expressam este assunto, assim: "A criação que está mais distante do

Centro é a mais limitada; quanto mais próximo chega do Centro, tanto mais Livre é."

A maioria das pessoas são mais ou menos escravas da hereditariedade, dos que as rodeiam, etc., e manifestam muito pouca Liberdade. São guiadas pelas opiniões, os costumes e as idéias do mundo exterior, e também pelas suas emoções, sensações e condições, etc. Não manifestam domínio algum, digno de nome. Indignamente repudiam esta asserção, dizendo: "Pois, eu certamente sou livre para agir e fazer como me apraz; faço justamente o que quero fazer", mas deviam explicar melhor o *quero* e o *como me apraz.* Que os faz *querer* fazer uma coisa de preferência a outra; que lhes faz *aprazer* fazer isto e não aquilo? Não existe *por que* para a seu *prazer* e *desejo?* O Mestre pode mudar estes *prazeres* e *vontades* em outros no lado oposto do pólo mental. Ele é capaz de *Querer por querer,* sem querer por causa das condições, emoções, sensações ou sugestões do meio, sem tendência ou desejo.

A maioria das pessoas são arrastadas como a pedra que cai, obediente ao meio, às influências exteriores e às condições e desejos internos, não falando dos desejos e das vontades de outros mais fortes que elas, da hereditariedade, da sugestão, que as levam sem resistência da sua parte, sem exercício da Vontade. Movidas, como os peões no jogo de xadrez da vida, elas tomam parte neste e são abandonadas depois que o jogo terminou. Mas os Mestres, conhecendo a regra do jogo, elevam-se acima do plano da vida material, e colocando-se em relação com as mais elevadas forças da sua natureza dominam as suas próprias condições, os caracteres, as qualidades e a polaridade, assim como o meio em que vivem, e deste modo tornam-se Motores em vez de Peões: Causas em vez de Efeitos. Os Mestres não escapam da Causalidade dos planos mais elevados, mas concordam com as leis superiores, e assim dominam as circunstâncias no plano inferior. Eles formam parte consciente da Lei, sem serem simples instrumentos. Enquanto servem nos Planos Superiores, governam no Plano Material.

Porém, tanto nos superiores como nos inferiores, a Lei está sempre em ação. Não há coisa do Acaso. As deusas cegas foram abolidas pela Razão. Agora podemos ver com olhos esclarecidos pelo conhecimento que tudo é governado pela Lei Universal — o infinito número de leis é simplesmente uma manifestação da única Grande Lei — a LEI que é o TODO. É verdade, contudo, que nem mesmo um pardal fica descuidado à Mente do TODO, assim como os cabelos da nossa cabeça são contados, como disseram as escrituras. Nada há fora da Lei; nada do que acontece é contrário a ela. Contudo, não cometais o erro de supor que, por causa disso, o Homem é simplesmente um cego autômato. Os Preceitos Herméticos ensinam que o Homem pode usar a Lei contra as leis, e que a vontade superior prevalece contra a inferior, até que por fim procure refúgio na própria LEI, e olhe com desprezo as leis inferiores. Sois capaz de compreender a mais íntima significação disto?

Capítulo XIII

O GÊNERO

"O Gênero está em tudo; tudo tem os seus Princípios Masculino e Feminino; o Gênero se manifesta em todos os planos." — O Caibalion

O Sétimo Grande Princípio hermético — o Princípio de Gênero — contém a verdade que há Gênero manifestado em tudo, que os Princípios Masculino e Feminino estão sempre presentes e em ação em todas as fases dos fenômenos e todos os planos da vida. Neste ponto achamos bom chamar a vossa atenção para o fato que o Gênero, no seu sentido Hermético, e o Sexo no uso ordinariamente aceitado do termo, não são a mesma coisa.

A palavra *Gênero* é derivada da raiz latina que significa *gerar, procriar, produzir*. Uma consideração momentânea mostrar-vos-á que a palavra tem um significado mais extenso e mais geral que o termo *Sexo,* o último referindo-se às distinções físicas entre as coisas viventes machos e fêmeas. O sexo é simplesmente uma manifestação do Gênero em certo plano do Grande Plano Físico: o plano da vida orgânica. Desejamos fixar esta distinção nas vossas mentes, porque certos escritores, que adquiriram uma simples noção da Filosofia hermética, pretenderam identificar este sétimo Princípio hermético com as

105

disparatadas, fantásticas e muitas vezes repreensíveis teorias e ensinos a respeito do Sexo.

O ofício do Gênero é somente de criar, produzir, gerar, etc., e as suas manifestações são visíveis em todos os planos de fenômenos. É um tanto difícil dar provas disto nas linhas científicas, pela razão que a ciência ainda não reconheceu este Princípio como de aplicação universal. Mas ainda assim várias provas têm provindo de fontes científicas. Em primeiro lugar, encontramos uma distinta manifestação do Princípio de Gênero entre os corpúsculos, íons ou elétrons, que constituem a base da Matéria como a ciência conhece por último, e que formando combinações formam o Átomo, que até há pouco tempo era considerado como final e indivisível.

A última palavra da ciência é que o átomo é composto de uma multidão de corpúsculos, elétrons ou íons (sendo aplicados vários nomes por autoridades diferentes), que giram uns ao redor dos outros e vibram num elevado grau de intensidade. Mas as explicações que seguem mostram que a formação do átomo é realmente devida ao agrupamento de corpúsculos negativos ao redor de um positivo; parecendo que os corpúsculos positivos exercem certa influência sobre os corpúsculos negativos, fazendo estes formarem certas combinações e assim *cria* ou *gera* um átomo. Isto está em relação com os mais antigos Preceitos herméticos que sempre identificaram o princípio masculino de Gênero com o pólo *Positivo,* ao Feminino com o pólo *Negativo* da Eletricidade.

Agora uma palavra a respeito desta identificação. A mente do público formou uma idéia inteiramente errônea a respeito das qualidades do chamado pólo *Negativo* da Matéria magnetizada ou eletrizada. Os termos Positivo e Negativo são em verdade erroneamente aplicados a este fenômeno pela ciência. A palavra Positivo significa tudo o que é real e forte, comparado com a Negativa irrealidade e fraqueza. Nada é ulterior aos fatos reais dos fenômenos elétricos. O chamado pólo Negativo da bateria é realmente o pólo no qual e pelo qual se manifesta a geração ou produção de novas formas de energia. Nada há *Negativo* ao redor dele. As maiores autoridades científicas agora usam a palavra *Catódico* [13] em lugar de *Negativo*. Do pólo Catódico procedem a imensidade de elétrons ou corpúsculos; do mesmo pólo saem estes maravilhosos *raios* que revolucionaram as concepções científicas nos últimos dez anos. O pólo catódico é a mãe de todos os fenômenos estranhos, que tornaram inúteis os velhos livros, e que fizeram muitas teorias admitidas serem proscritas do programa da especulação científica. O pólo catódico ou negativo é o Princípio materno dos fenômenos elétricos, e das formas mais sutis da matéria, já é conhecido pela ciência. Assim vedes que temos razão quando recusamos usar o termo *Negativo* nas nossas considerações sobre o assunto, e insistindo na substituição da palavra *Feminino* pelo antigo termo. Os fatos da condição nos levam a isto, sem mesmo tomarmos em consideração os Preceitos herméticos. E assim usaremos a palavra *Feminino* em lugar de *Negativo* falando deste pólo de atividade.

Os últimos ensinos científicos são que os corpúsculos criadores ou elétrons são Femininos (a ciência diz que *eles são compostos de eletricidade negativa,* e nós dizemos que são compostos de energia Feminina). Um corpúsculo feminino abandona um corpúsculo Masculino e toma uma nova direção. Ele ativamente procura uma união com um corpúsculo Masculino, sendo incitado a isso pelo impulso natural de criar novas formas de Matéria ou Energia. Um escritor costuma até empregar a frase *"ele a um dado tempo procura, de sua própria volição, uma união",* etc.

Este destacamento e esta união formam a base da maior parte das atividades do mundo químico. Quando o corpúsculo

---

(13)   Do grego Κάθοδοζ, descida, volta. — (N. do T.)

Feminino une-se com um corpúsculo Masculino, começa um certo processo. As partículas Femininas vibram rapidamente sob as influências da Energia masculina, e giram ao redor da última. O resultado é o nascimento de um novo átomo. Este novo átomo é realmente composto da união dos elétrons ou corpúsculos Masculinos e Femininos, mas quando a união é formada, o átomo torna-se uma coisa separada, tendo certas propriedades, mas não manifestando muito a propriedade da eletricidade independente. O processo de destacamento ou separação dos elétrons Femininos é chamado *ionização*. Estes elétrons ou corpúsculos são os mais ativos trabalhadores no campo da Natureza. Provenientes das suas uniões ou combinações, se manifestam os diversos fenômenos da luz, do calor, da eletricidade, do magnetismo, da atração, repulsão, afinidade química e o inverso, e outros fenômenos semelhantes. E tudo isto procede da ação do Princípio de Gênero no plano da Energia.

A parte do princípio Masculino parece ser a de dirigir uma certa energia inerente para o princípio Feminino e assim pôr em atividade o processo criativo. Mas o princípio Feminino é sempre o único que faz a ativa obra criadora, e isto é assim em todos os planos. E ainda, cada princípio é incapaz da energia operativa sem o outro. Em muitas formas da vida, os dois princípios estão combinados em um só organismo. Por esta razão, tudo no mundo orgânico manifesta ambos os gêneros: há sempre o Masculino na forma Feminina, e o Feminino na forma Masculina.

Os Ensinos herméticos contêm muita coisa a respeito da ação dos dois princípios de Gênero na produção e manifestação das diversas formas de energia, etc., mas não julgamos conveniente entrar em detalhes a respeito dos mesmos neste ponto, porque não podemos sustentá-los com provas científicas, pela razão que a ciência ainda não progrediu o necessário para isso. Mas o exemplo que vos demos dos fenômenos dos elétrons ou corpúsculos vos mostram que a ciência está no caminho reto, e poderia também dar-vos uma idéia geral dos princípios ocultos.

Diversos dos principais investigadores cientíticos declararam a sua opinião que na formação dos cristais foi descoberta alguma coisa que corresponde à *atividade sexual,* que é uma outra bagatela mostrando a direção em que sopram os ventos científicos. E cada ano traz outros fatos para corroborar a exatidão do Princípio hermético de Gênero. Seria estabelecido que o Gênero está em ação e manifestação constante no campo da matéria inorgânica e no campo da Energia ou Força. A eletricidade é agora geralmente considerada como *alguma coisa* em que todas as outras formas de energias parecem dissolver. A *Teoria Elétrica do Universo* é a última doutrina científica, e ela está crescendo rapidamente em popularidade e aceitação geral. E assim segue-se que se pudermos descobrir nos fenômenos da eletricidade — levados ao seu princípio e fonte de manifestações — uma clara e infalível evidência da presença do Gênero e suas atividades, estamos justificados vos fazendo crer que a ciência enfim deu provas da existência em todos os fenômenos universais deste grande Princípio hermético: o Princípio de Gênero.

Não é necessário gastar o nosso tempo com o muito conhecido fenômeno da *atração* e *repulsão* dos átomos, afinidade química, os *amores* e *ódios* das partículas atômicas, as atrações ou coesões entre as moléculas da matéria. Estes fatos são muito bem conhecidos para necessitar extensos comentários nossos. Mas considerastes alguma vez que todas estas coisas são manifestações do Princípio de Gênero? Não vedes que estes fenômenos *andam ao par* com os dos corpúsculos ou elétrons? E ainda mais que isto, não vedes a racionalidade dos Ensinos herméticos que afirmam que a verdadeira Lei da Gravitação — esta estranha atração pela qual todas as partículas e corpos de matéria no universo tendem para outras — é simplesmente outra manifestação do Princípio de Gênero, que opera na direção de atração da energia Masculina para a Feminina, e vice-versa? Não poderemos dar-vos provas científicas disto agora; mas vamos examinar os fenômenos à luz dos Ensinos herméticos sobre o assunto, e veremos se não tereis uma mais útil hipótese que as oferecidas pela ciência física. Submetei todos os fenômenos físicos ao texto, e vereis sempre em evidência o Princípio de Gênero.

Permiti-nos agora passarmos à consideração da ação do Princípio no Plano Mental. Muitas idéias interessantes têm nele a sua examinação.

Capítulo XIV

O GÊNERO MENTAL

Os estudantes de psicologia que seguiram o modo moderno de pensar a respeito dos fenômenos mentais ficaram surpreendidos pela persistência da dupla idéia mental que se tem manifestado tão fortemente durante os dez anos passados do último meio século, e que deu origem a um grande número de teorias plausíveis a respeito da natureza e constituição destas *duas mentes*. Recentemente Thompson J. Hudson atingiu grande popularidade em 1893, avançando a sua bem conhecida teoria das *"mentes objetiva e subjetiva"*, que ele afirmou existir, em cada indivíduo. Outros escritores atraíram também a atenção pelas teorias sobre as *"mentes consciente e subconsciente"*, *"mentes voluntária e involuntária"*, *"mentes ativa e passiva"*, etc., etc. As teorias dos diversos escritores diferem entre si, mas permanece o princípio oculto da *dualidade da mente*.

O estudante de Filosofia hermética tem provocação de riso quando lê e ouve qualquer coisa destas *novas teorias* a respeito da dualidade da mente, cada escola aderindo tenazmente à sua própria teoria favorita e clamando ter *descoberto a verdade*. O estudante volta para trás as páginas da história oculta e, nos primeiros elementos dos preceitos ocultos, encontra referências à antiga doutrina hermética do Princípio de Gênero no Plano Mental: a manifestação do Gênero Mental. E exa-

111

minando mais ele conclui que a antiga filosofia tinha conhecimento dos fenômenos da *mente dual* e deu conta disto pela teoria do Gênero Mental. Esta idéia de Gênero Mental pode ser explicada em poucas palavras aos estudantes que estão familiarizados com as modernas teorias há pouco aludidos. O Princípio Masculino da Mente corresponde à chamada Mente Objetiva, Mente Consciente, Mente Voluntária, Mente Ativa, etc. E o Princípio Feminino da Mente corresponde à chamada Mente Subjetiva, Mente Subconsciente, Mente Involuntária, Mente Passiva, etc. Certamente que os Preceitos herméticos não concordam com as diversas teorias modernas sobre a natureza das duas fases da mente, nem admitem muitos fatos considerados como sendo respectivamente dos dois aspectos, porque muitas teorias e afirmações são alambicadas e incapazes de resistir ao toque da experiência e da demonstração. Apontamos as fases de concordância simplesmente para o fim de ajudar o estudante a assimilar os seus conhecimentos já adquiridos com os Preceitos da Filosofia hermética. Os estudantes de Hudson encontrarão no princípio do seu segundo capítulo d'"A Lei dos Pensamentos Psíquicos", a proposição que: "A mística algaravia dos filósofos herméticos desenvolve a mesma idéia", isto é, a dualidade da mente.

Se o Dr. Hudson empregasse o tempo em decifrar um pouco da "mística algaravia da Filosofia Hermédica", ele teria obtido grande esclarecimento sobre a função da "mente dual"; porém, naquele tempo, as suas obras mais interessantes ainda não tinham sido escritas. Vamos agora considerar os Preceitos herméticos sobre o Gênero Mental.

Os Instrutores Herméticos dão as suas instruções a respeito deste assunto fazendo os seus estudantes examinarem a relação da sua consciência a respeito do seu Ego. Os estudantes aprendem a pôr a sua atenção no Ego que habita em cada um de nós. Cada estudante aprende a ver que sua consciência lhe dá uma primeira relação da existência do seu Ego: à relação é *"Eu sou"*. A princípio isto parece ser a última palavra da consciência, mas um exame um pouco mais profundo descobre que este *"Eu sou"* pode ser separado ou dividido em duas partes distintas, dois aspectos, os quais, apesar de agirem em uníssono e em conjunto, podem ser separados na consciência.

Apesar de a princípio parecer existir um só *Ego,* um exame mais cuidadoso e mais profundo mostra que existe um *Ego* e um *Eu.* Estes gêmeos mentais diferem em característicos e natureza, e um exame das suas naturezas e dos fenômenos que procedem da mesma dará muita luz sobre muitos problemas da influência mental.

Permiti-nos começar com uma consideração sobre o *Eu,* que é usualmente tomado pelo *Ego* pelo estudante, até que ele investigue nos acessos da consciência. Um homem pensa do seu *Ego* (no seu aspecto de *Eu*) como sendo composto de certos estados, modos, hábitos, característicos, etc., tudo o que faz sobressair a sua personalidade, ou a *Seidade* conhecida a si e aos outros.

Conhece que estas emoções e sensações mudam, nascem e morrem, estão sujeitas aos Princípios de Ritmo e de Polaridade, que as levam de um extremo ao outro. Pensam também que o *Eu* é formado de certos conhecimentos reunidos nas suas mentes e formando então uma parte deles mesmos. Tal é o *Eu* de um homem.

Porém, falamos muito apressadamente. O *Eu* de muitos homens pode ser considerado como consistindo da sua consciência corpórea e dos seus apetites físicos, etc. A sua consciência sendo presa à sua natureza corpórea, eles praticamente *vivem nela.* Muitos homens ainda consideram o seu vestuário como parte do seu *Eu* e atualmente parecem considerá-lo como uma parte de si mesmos. Um escritor disse humoristicamente que os *"homens se compõem de três partes: o espírito, o corpo e a roupa"*.

113

Estas pessoas ou *roupas conscientes* perderiam a sua personalidade se fossem despidas da sua roupa, por selvagens, na ocasião de um naufrágio. Porém, mesmo muitos dos que estão presos à idéia do vestuário pessoal afirmam fortemente que a consciência do seu corpo é o seu *Eu*. Eles não podem ter a idéia de uma Seidade independente do corpo. A sua mente parece-lhes ser praticamente *uma coisa pertencente* ao seu corpo: o que é sempre o contrário.

Mas, conforme o homem sobe na escala de consciência, ele se torna capaz de distinguir o seu *Eu* da sua idéia do corpo e de pensar que este é *uma coisa pertencente* à sua parte mental. Mas, só então poderá identificar inteiramente o *Eu* com os estados mentais, as emoções, etc., que ele sente existir dentro de si. É capaz de considerar estes estados internos como idênticos a ele mesmo, em vez deles serem simplesmente *coisas* produzidas por uma parte da sua mentalidade e existindo dentro dele: sendo suas, estando nele, mas não sendo *ele mesmo*. Compreende que pode mudar estes estados mentais de emoções por um esforço da vontade e que pode do mesmo modo produzir uma emoção ou um estado de uma natureza exatamente oposta, e, contudo, existe o mesmo *Eu*. E assim até que seja capaz de pôr de parte estes vários estados mentais, as emoções, os hábitos, as qualidades, os característicos e outras faculdades mentais: é capaz de pô-las no *não-eu,* coleção de curiosidade e embaraços, como uma posse de valor. Isto requer muita concentração mental e poderes de análise mental da parte do estudante. Porém, mesmo assim a tarefa é possível para os estudantes avançados, e mesmo os não muito adiantados podem ver, na imaginação, como pode ser realizado o processo.

Depois que o processo de pôr de parte foi executado, o estudante pôr-se-á em posse consciente de uma *Seidade* que pode ser considerado nos seus dois aspectos de *Eu* e *Ego*. O *Eu* será considerado como sendo uma coisa mental em que os pensa-

114

mentos, as idéias, as emoções, as sensações, e outras condições mentais são produzidas. Pode ser considerado como a *matriz mental,* como o disseram os antigos, capaz de fazer a geração mental. Manifesta-se à consciência como um *Ego* Feminino com poderes latentes de criação e geração das progênies mentais de todas as espécies e reinos. Sente-se que as suas forças de energia criativa são enormes. Contudo, parece ser consciente que ele recebe muitas formas de energias do seu *Ego* companheiro, ou de outro *Ego,* quando é capaz de dar existência às criações mentais. Esta consciência traz consigo a realização de uma enorme capacidade para a operação mental e a habilidade criativa.

Porém, o estudante descobre logo que isto não é tudo o que percebe dentro da sua consciência interior. Percebe que existe uma Coisa mental que é capaz de querer que o *Ego Feminino* acione na direção de certa linha criativa, e que também é capaz de sustentar e provar a criação mental. Esta parte deles mesmos, dizem ser chamada *Ego.* É capaz de ficar na sua consciência à vontade. Não tem uma consciência de habilitações para gerar e criar ativamente, no sentido do processo que acompanha as operações mentais, mas sim no sentimento e consciência de uma facilidade para projetar uma energia do *Ego Masculino* ao *Ego Feminino* — um processo de *desejo* que a criação mental comece e continue. Compreende também que o *Ego Masculino* é capaz de sustentar e abrigar as operações da criação mental do *Ego Feminino.* Na mente de cada pessoa existe estes dois aspectos.

O *Eu* representa o Princípio Masculino de Gênero e o *Ego* representa o Feminino. O *Ego* representa o aspecto de Existência; o *Eu* o aspecto de Estado. Deveis saber que o Princípio de Correspondência opera neste plano do mesmo modo que o faz no grande plano em que é feita a criação dos Universos. Ambos são semelhantes, porém muito diferentes em grau. *"O que está em cima é como o que está em baixo, e o que está em baixo é como o que está em cima".*

115

Estes aspectos da mente — os Princípios Masculino e Feminino — o *Ego* e o *Eu* — considerados em relação com os conhecimentos dos fenômenos mentais ou físicos, dão a chave-mestra destas pouco conhecidas regiões da operação e manifestação mental. O Princípio de Gênero Mental manifesta a verdade que se oculta debaixo do campo total dos fenômenos de influência mental, etc.

A tendência do Princípio Feminino é sempre em receber impressões, ao passo que a tendência do Princípio Masculino é sempre em dá-las ou exprimi-las. O Princípio Feminino tem um campo de operação mais variado que o Princípio Masculino. O Princípio Feminino dirige a obra da geração de novos pensamentos, conceitos, idéias, incluindo a obra da imaginação. O Princípio Masculino contenta-se com a obra da *Vontade,* nas suas várias fases. E assim, sem o auxílio ativo da vontade do Princípio Masculino, o Princípio Feminino pode contentar-se com a geração de imagens mentais que são o resultado de impressões recebidas de fora, em vez de produzir criações mentais originais.

As pessoas que prestam uma contínua atenção a um assunto empregam ativamente ambos os Princípios Mentais: o Feminino na obra da ativa geração mental, e a Vontade Masculina na estimulação e fortificação da porção criativa da mente. A maioria das pessoas empregam realmente o Princípio Masculino mas pouco, e contentam-se com viver de acordo com os pensamentos e as idéias insinuadas no *Eu* pelo *Ego* das outras mentes. Porém, o nosso propósito não é demorarmo-nos na consideração desta fase do assunto, que pode ser estudada num bom livro de psicologia, com a chave que nós vos demos sobre o Gênero Mental.

O estudante dos Fenômenos Psíquicos está ciente dos admiráveis fenômenos classificados sob o título de Telepatia, Transmissão de Pensamento, Influência Mental, Sugestão, Hipnotismo, etc. Muitos procuraram para uma explicação destas várias fases de fenômenos as teorias dos diversos instrutores da *mente dupla*. Em certa medida estão certos, porque há claramente uma manifestação de duas fases distintas da atividade mental. Porém, se esses estudantes considerarem estas *mentes duplas* à luz dos Preceitos herméticos a respeito das Vibrações e do Gênero Mental, compreenderão que têm na mão a chave com que tanto esforço procuravam.

Nos fenômenos de Telepatia vê-se como a Energia Vibratória do Princípio Masculino é projetada para o Princípio Feminino de outra pessoa e este toma o pensamento-semente e o desenvolve até a madureza. Pela mesma forma operam a Sugestão e o Hipnotismo. O Princípio Masculino da pessoa dando as sugestões dirige uma exalação da Energia Vibratória ou Força-Vontade para o Princípio Feminino da outra pessoa, e esta última aceitando-a, recebe-a em si mesma e age e pensa de conformidade com ela. Uma idéia assim recolhida na mente de uma pessoa, cresce e se desenvolve, e com o tempo é considerada como a melhor produção mental do indivíduo, porquanto, em realidade, é como o ovo do cuco colocado no ninho do pardal, quando este destrói a produção direta, e se põe no ninho. O método normal é para os Princípios Masculino e Feminino na mente de uma pessoa coordenar e agir harmoniosamente em conjunção com a de outra.

Mas, infelizmente, o Princípio Masculino nas pessoas médias é muito lento em agir — o estendimento da Força-Vontade é muito vagaroso — e a conseqüência é que tais pessoas são quase inteiramente dirigidas pelas mentes e os desejos das outras pessoas, às quais ela permite que façam as suas idéias e os seus desejos. Quão poucas ações ou pensamentos originais são realizados pelas pessoas médias? Não são a maioria das pessoas simples sombras e ecos de outras que têm vontades ou mentes mais fortes que elas? Isto acontece porque a pessoa média vive mais na consciência do seu *Eu* do que na do *Ego*.

Está polarizada no seu Princípio Feminino da Mente, e o Princípio Masculino, em que se acha a Vontade, é obrigado a ficar inativo e sem emprego.

O homem e a mulher fortes do mundo manifestam invariavelmente o Princípio Masculino da Vontade, e a sua força materialmente depende deste fato. Em vez de viver das impressões dadas às suas mentes pelos outros, dominam a sua própria mente pela sua Vontade, obtendo a espécie desejada de imagens mentais, e ainda mais dominam do mesmo modo as mentes dos outros. Vede as pessoas fortes, como implantam os seus pensamentos-sementes nas mentes das massas do povo, fazendo assim este pensar de acordo com os desejos e as vontades destes indivíduos fortes. Isto é porque as massas do povo são como que *criaturas-carneiros,* não dando origem a uma idéia própria e não empregando as suas próprias forças de atividade mental.

A manifestação do Gênero Mental pode ser observada ao redor de nós todos os dias da vida. As pessoas magnéticas são as que podem empregar o Princípio Masculino com o fim de imprimir as suas idéias nos outros. O ator que faz o povo chorar ou rir como quer, o faz empregando este princípio. E assim é sucessivamente o orador, o político, o pregador, o escritor ou qualquer pessoa que tenha a atenção do público. A influência particular exercida por algumas pessoas sobre outras é devida à manifestação do Gênero Mental, na direção da linha vibratória acima indicada. Neste princípio acha-se oculto o segredo do magnetismo pessoal, da influência pessoal, da fascinação, etc., assim como os fenômenos geralmente agrupados sob o nome de Hipnotismo.

O estudante que familiarizou-se com os fenômenos geralmente chamados *psíquicos,* poderá descobrir a importante parte tomada nos ditos fenômenos por esta força que a ciência denominou *Sugestão,* termo pelo qual se quer significar o processo ou método pelo qual uma idéia é transmitida à mente de outro, fazendo a segunda mente agir de acordo com ela. Uma exata compreensão da Sugestão é necessária para se compreender com inteligência os variados fenômenos psíquicos que a Sugestão encobre. Porém, o conhecimento da Vibração e do Gênero Mental é ainda mais necessário para o estudante da Sugestão. Porque todo o princípio da Sugestão depende do princípio de Gênero Mental e de Vibração.

É costume dos escritores e instrutores da Sugestão explicar que é a mente *objetiva* ou *voluntária* que faz a impressão mental, ou sugestão na mente *subjetiva* ou *involuntária*. Porém, não descrevem o processo ou não nos dão uma analogia na natureza pela qual possamos compreender melhor a idéia. Mas, se quiserdes raciocinar sobre o assunto à luz dos Preceitos Herméticos, sereis capaz de ver que o fortalecimento do Princípio Feminino pela Energia Vibratória do Princípio Masculino está em concordância com as leis universais da natureza, e que o universo natural oferece inúmeras analogias pelas quais o princípio pode ser compreendido. Com efeito, os Preceitos Herméticos mostram que a verdadeira criação do Universo segue a mesma lei, e que em todas as manifestações criativas, nos planos espiritual, mental e psíquico, está sempre em operação o princípio de Gênero: manifestação dos Princípios Masculino e Feminino. *"O que está em cima é como o que está em baixo, e o que está em baixo é como o que está em cima."*

E mais ainda, quando se compreende o princípio de Gênero Mental, os variados fenômenos de psicologia tornam-se imediatamente adaptáveis a uma classificação e estudo inteligente, em vez de serem muito obscuros. O princípio se *realiza* na prática, porque é baseado nas imutáveis leis universais da vida.

Não entraremos em extensa discussão ou descrição dos variados fenômenos da influência mental ou atividade psíquica. Existem muitos livros bons, escritos e publicados sobre este assunto nos últimos anos. Os principais fatos dados nesses vários livros são corretos, apesar dos escritores intentarem explicar os fenômenos por diversas teorias que lhes são favoritas. O estudante pode instruir a si próprio nestas matérias, e empregando a teoria do Gênero Mental será capaz de pôr em ordem no caos das teorias e doutrinas contrárias, e poderá tornar-se mestre no assunto se for inclinado à ele. O fim desta obra não é dar uma extensa relação dos fenômenos psíquicos, mas sim dar ao estudante uma chave-mestra com a qual possa abrir as diversas portas que conduzem às partes do Templo do Conhecimento que ele quiser explorar. Julgamos que nesta consideração dos preceitos do *Caibalion*, encontrar-se-á uma explicação que servirá para esclarecer muitas dificuldades embaraçosas: ela será uma chave que abrirá muitas portas.

Qualquer que seja o costume de fazer detalhes a respeito das muitas formas de fenômenos psíquicos e da ciência mental, colocamos providencialmente na mão do estudante as idéias pelas quais ele pode instruir-se muito a respeito de cada fase do assunto que o interessar. Com o auxílio do *Caibalion* pode-se fazer uma livraria oculta, a velha Luz do Egito iluminando as páginas e os assuntos obscuros. Este é o fim deste livro. Não queremos expor uma nova filosofia, mas sim fornecer o bosquejo de um grande preceito do mundo antigo, que poderá esclarecer as doutrinas de outros, que servirá de Grande Reconciliador das diferentes teorias e doutrinas opostas.

Capítulo XV

AXIOMAS HERMÉTICOS

> *"A posse do Conhecimento sem ser acompanhada de uma manifestação ou expressão em Ação é como o amontoamento de metais preciosos, uma coisa vã e tola. O Conhecimento é, como a riqueza, destinado ao Uso. A Lei do Uso é Universal, e aquele que viola esta lei sofre por causa do seu conflito com as forças naturais."* — O Caibalion

Os Preceitos herméticos, conquanto sempre tenham sido bem guardados na mente dos seus afortunados possuidores, pelas razões que já dissemos, nunca foram destinados a ser simplesmente acumulados e ocultados. A Lei do Uso está contida nos Preceitos, como podeis ver pela referência à citação acima do *Caibalion,* que a estabelece energicamente. O Conhecimento sem o Uso e a Expressão é uma coisa vã, que não traz bem algum ao seu possuidor ou à sua raça. Guardai-vos da avareza mental e expressai em Ação aquilo que aprendestes. Estudai os Axiomas e Aforismos, mas praticai-os também.

Damos a seguir alguns dos mais importantes Axiomas herméticos do *Caibalion,* com alguns comentários juntos a cada um deles. Fazei-os vós mesmos, praticai-os e usai-os, porque eles não são realmente vossos enquanto não os tiverdes Usado.

121

"Para mudar a vossa disposição ou vosso estado mental, mudai a vossa vibração." — O CAIBALION

Todos podem mudar as suas vibrações mentais por um esforço da Vontade na direção determinada, fixando a Atenção sobre um estado mais desejável. A Vontade dirige a Atenção, e a Atenção muda a Vibração. Cultivai a Arte da Atenção, por meio da Vontade, e aprendereis o segredo do Domínio das Disposições e dos Estados mentais.

"Para destruir uma desagradável ordem de vibração mental, ponde em movimento o Princípio de Polaridade e concentrai-vos sobre o pólo oposto ao que desejais suprimir. Destruí o desagradável mudando a sua polaridade." — O CAIBALION

Esta é uma das mais importantes das fórmulas herméticas. É baseada em verdadeiros princípios científicos. Nós vos dissemos que um estado mental e o seu oposto eram simplesmente os dois pólos de uma só coisa, e que a polaridade pode ser invertida pela Transmutação Mental. Este princípio é conhecido pelos psicólogos modernos, que o aplicam para a destruição de hábitos desagradáveis, mandando os seus discípulos concencentrarem sobre a qualidade oposta. Se fordes possuídos pelo medo, não percais tempo tratando de *destruir* esse medo, mas cultivai imediatamente a qualidade da Coragem, e o Medo desaparecerá. Muitos escritores exprimiram esta idéia muito claramente empregando o exemplo do quarto escuro. Não deveis tirar a Escuridão, mas simplesmente abrindo as janelas e entrando a Luz, a Escuridão desaparece. Para destruir uma qualidade Negativa, concentrai-vos sobre o Pólo Positivo dessa mesma qualidade, e as vibrações se mudarão gradualmente do Negativo ao Positivo, até que finalmente fiqueis polarizado no pólo Positivo em vez de no Negativo. O inverso é também verdade, como muitos criaram as suas mágoas, quando puseram-se a vibrar constantemente no pólo Negativo das coisas. Pela mudança da vossa polaridade podeis dominar os vossos defeitos, mudar os vossos estados mentais, refazer as vossas disposições, e formar o caráter. Muitos dos Domínios Mentais dos hermetistas avançados são devidos a esta aplicação da Polaridade, que é um dos mais importantes aspectos da Transmutação Mental. Lembrai-vos do Axioma Hermético (citado previamente), que diz:

"A Mente (tão bem como os metais e elementos) pode ser transmutada de estado em estado, de grau em grau, de condição em condição, de pólo em pólo, de vibração em vibração."
— O CAIBALION

O domínio da Polarização é o domínio dos princípios fundamentais da Transmutação Mental ou Alquimia Mental, porque, a não ser que adquira a arte de mudar a sua própria polaridade, ninguém poderá influir sobre os que o rodeiam. A compreensão perfeita deste princípio tornará a pessoa apta a mudar a sua própria Polaridade, bem como a dos outros, se ela quiser empregar o tempo no estudo e na prática necessária para possuir a arte. O princípio é verdadeiro, mas os resultados obtidos dependem da paciência e da prática persistente do estudante.

"O Ritmo pode ser neutralizado pela aplicação da Arte de Polarização." — O CAIBALION

Como explicamos nos capítulos antecedentes, os hermetistas ensinam que o Princípio de Ritmo se manifesta no Plano Mental tanto como no Plano Físico, e que a contínua sucessão de disposições, sensações, emoções e outros estados mentais, é devida ao movimento à direita e à esquerda, por assim dizer, do pêndulo mental que nos leva de um extremo de sensação a outro extremo. Os hermetistas ensinam também que a Lei de Neutralização habilita a pessoa a dominar, em grande parte, a ação do Ritmo no conhecimento interior ou consciência. Como explicamos, há um Plano Superior de Consciência, do mesmo modo que um Plano Inferior ordinário, e o Mestre elevando-se mentalmente ao Plano Superior faz um movimento do chamado

123

pêndulo mental manifestar-se no Plano Inferior, e ele, estando no Plano Superior, escapa conscientemente do movimento inferior. Isto efetua-se pela polarização na Seidade Superior, e depois transportando as vibrações mentais do Ego acima das do plano ordinário de consciência. Isto é semelhante ao elevamento acima de uma coisa, deixando-a passar por baixo de vós. O hermetista avançado polariza-se no Pólo Positivo do seu Ente: o pólo "Eu sou", ao contrário do pólo da personalidade, e pela recusa e negação da ação do Ritmo, eleva o seu próprio plano de consciência, e permanentemente firme na Manifestação do seu Ente, deixa o pêndulo mover-se no Plano Inferior sem mudar a sua Polaridade. Isto é realizado por todas as pessoas que atingiram todos os graus do domínio próprio, quer compreendam a lei quer não. Tais pessoas simplesmente recusam deixar-se mover pelo pêndulo das condições ou emoções, e, afirmando constantemente a sua superioridade, permanecem polarizadas no pólo Positivo. O Mestre, por conseguinte, atinge um grau muito grande de progresso, porque compreende a lei que está dominando por uma lei superior, e pelo emprego da sua Vontade alcança um equilíbrio e estabilidade Mental quase impossível de ser acreditado pelos que se deixam mover à direita e à esquerda pelo pêndulo mental das condições e emoções.

Contudo, lembrai-vos sempre que não podeis destruir realmente o Princípio de Ritmo, porque ele é indestrutível. Podeis simplesmente vencer uma lei contrabalançando-a com outra, e assim manter-vos em equilíbrio. As leis do balanço e contrabalanço estão em ação tanto nos planos mentais como nos físicos, e a compreensão destas leis habilita o homem a parecer destruir as leis, quando ele simplesmente exerce um contrabalanço.

"Nada escapa do Princípio de Causa e Efeito, mas existem vários Planos de Causalidade, e pode-se empregar as leis do plano superior para vencer as leis do inferior." — O CAIBALION

Pela compreensão das práticas da Polarização, os hermetistas elevam-se a um plano superior de Causalidade e assim contrabalançam as leis dos planos inferiores de Causalidade. Tornando-se aptos a dominar as suas condições e emoções e a neutralizar o Ritmo, como já explicamos, eles podem escapar de uma grande parte das operações de Causa e Efeito do plano ordinário. As massas populares são impulsionadas, obedientes aos seus guias, às vontades e desejos dos outros mais fortes que elas, aos efeitos das tendências hereditárias, às sugestões dos que as rodeiam, e a outras coisas exteriores, que tendem a movê-las no tabuleiro de xadrez da vida como simples peões. Elevando-se sobre estas causas influentes, os hermetistas avançados alcançam um plano elevado de ação mental, e dominando as suas condições, seus impulsos e suas sensações, criam para si novos caracteres, qualidades e poderes, pelos quais dominam os que ordinariamente o rodeiam, e assim tornam-se praticamente jogadores em vez de simples peões. Tais pessoas ajudam inteligentemente a jogar a partida da vida, sem serem movidas no seu caminho e caminhando com mais força e vontade. Empregam o Princípio de Causa e Efeito, sem serem empregados por este. Sem dúvida que ainda as mais elevadas estão sujeitas ao Princípio como ele se manifesta nos planos superiores, mas nos planos inferiores da atividade são Senhores em vez de Escravos. Diz o *Caibalion*:

"Os Sábios servem no plano superior, mas governam no inferior. Obedecem às leis que vêm de cima deles, mas no seu próprio plano e nos inferiores a eles, governam e dão ordens. E assim fazendo formam uma parte do Princípio, sem se oporem a este. O sábio concorda com a Lei, e compreendendo o seu movimento, ele o opera em vez de ser cego escravo. Do mesmo modo que o hábil nadador volta o seu caminho e faz este caminho, conforme a sua vontade, sem ser como a barca que é levada para cá e para lá: assim é o sábio em comparação do homem ordinário; e, contudo, o nadador e a barca, o sábio e o ignorante, estão sujeitos à Lei. Aquele que compreende isto está bem no caminho do Domínio." — O Caibalion

Em conclusão, permiti-nos chamar a vossa atenção para o Axioma Hermético:

"A verdadeira Transmutação Hermética é uma Arte Mental." — O Caibalion

No axioma acima, os hermetistas ensinam que a grande obra de influenciar a sua própria roda é realizada pelo Poder Mental. O Universo sendo totalmente mental, é claro que só poderá ser governado pela Mentalidade. E nesta verdade acha-se contida uma explicação dos diversos poderes mentais que estão tomando muita atenção e estudo nestes primeiros anos do Vigésimo Século. Debaixo e atrás do véu das doutrinas dos diversos cultos e escolas, acha-se ainda constantemente o princípio da Substância Mental do Universo. Se o Universo é Mental na sua natureza substancial, segue-se que a Transmutação Mental pode mudar as condições e os fenômenos do Universo. Se o Universo é Mental, a Mente será o poder mais elevado que produz os seus fenômenos. Se se compreender isto, tudo o que é chamado *milagres* e *prodígios* será considerado pelo que realmente é.

"O TODO é MENTE; o Universo é Mental." — O Caibalion